ATENDIMENTO DE ALUNOS COM NECESSIDADES EDUCACIONAIS ESPECIAIS

Dados Internacionais de Catalogação na Publicação (CIP)

M183a   Madureira, Gilza Helena.

Atendimento de alunos com necessidades educacionais especiais / Gilza Helena Madureira. – São Paulo, SP : Cengage, 2016.

Inclui bibliografia.
ISBN 13 978-85-221-2889-1

1. Educação especial. 2. Estudantes deficientes – Aprendizagem. 3. Educação - Deficiência. 4. Acessibilidade - Brasil - Legislação. I. Título.

CDU 376
CDD 371.9

Índice para catálogo sistemático:

1. Educação especial   376

(Bibliotecária responsável: Sabrina Leal Araujo – CRB 10/1507)

ATENDIMENTO DE ALUNOS COM NECESSIDADES EDUCACIONAIS ESPECIAIS

Austrália • Brasil • México • Cingapura • Reino Unido • Estados Unidos

Atendimento de alunos com necessidades educacionais especiais

Autora: Gilza Helena Madureira

Gerente editorial: Noelma Brocanelli

Editoras de desenvolvimento:
Gisela Carnicelli, Regina Plascak e Salete Guerra

Coordenadora e editora de aquisições:
Guacira Simonelli

Produção editorial: Fernanda Troeira Zuchini

Copidesque: Sirlene M. Sales

Revisão: Mayra Clara A. V. dos Santos e Fernanda Botallo

Diagramação: Alfredo Carracedo Castillo

Capa: Estúdio Aventura

Imagens usadas neste livro por ordem de páginas:
wavebreakmedia/Shutterstock; Olesia Bilkei/Shutterstock; Ekkachai/Shutterstock; Iosif Chezan/Shuterstock; Georgios Kollidas/Shutterstock; Neftali/Shutterstock; Georgios Kollidas/Shutterstock; Artem Furman/Shutterstock; Georgios Kollidas/Shutterstock; Miriam Doerr/Shutterstock; rook76 /Shutterstock; vitmark/Shutterstock; Hung Chung Chih/Shutterstock; Boris15/Shutterstock; wavebreakmedia/Shutterstock; Lisa F. Young/Shutterstock; v.schlichting/Shutterstock; Jaren Jai Wicklund/Shutterstock; Rock and Wasp/ Shutterstock; takasu/shutterstock; XiXinXing/Shutterstock; Zurijeta/ Shutterstock; lightwavemedia/Shutterstock; wckiw/ Shutterstock; Racon/Shutterstock; Andrey_Kuzmin/Shutterstock; servantes/Shutterstock; Ollyy/Shutterstock; tlorna/Shutterstock; Marina Kocharovskaya/Shutterstock; CroMary/Shutterstock; Mega Pixel/Sutterstock; Diego Cervo/Shutterstock; Wikrom/Shutterstock; alphaspirit/Shutterstock; CLIPAREA l Custom media/Shutterstock; iMarin/Shutterstock; Georgios Kollidas/Shutterstock; muuraa/Shutterstock; vesna cvorovic/Shutterstock; Hein Nouwens/Shutterstock; Ischmidt/Shutterstock; Robert Kneschke/Shutterstock; conrado/ Shutterstock; Everett Historical/Shutterstock; S-F/Shutterstock; David Fowler/Shutterstock; CLIPAREA l Custom media/Shutterstock

Impresso no Brasil
Printed in Brazil

© 2016 Cengage Learning Edições Ltda.

Todos os direitos reservados. Nenhuma parte deste livro poderá ser reproduzida, sejam quais forem os meios empregados, sem a permissão por escrito da Editora. Aos infratores aplicam-se as sanções previstas nos artigos 102, 104, 106, 107 da Lei nº 9.610, de 19 de fevereiro de 1998.

Esta editora empenhou-se em contatar os responsáveis pelos direitos autorais de todas as imagens e de outros materiais utilizados neste livro. Se porventura for constatada a omissão involuntária na identificação de algum deles, dispomo-nos a efetuar, futuramente, os possíveis acertos.

Esta editora não se responsabiliza pelo funcionamento dos links contidos neste livro que possam estar suspensos.

Para permissão de uso de material desta obra, envie seu pedido para
direitosautorais@cengage.com

© 2016 Cengage Learning Edições Ltda.
Todos os direitos reservados.

ISBN 13: 978-85-221-2889-1
ISBN 10: 85-221-2889-8

Cengage Learning Edições Ltda.
Condomínio E-Business Park
Rua Werner Siemens, 111 - Prédio 11
Torre A - Conjunto 12
Lapa de Baixo - CEP 05069-900 - São Paulo - SP
Tel.: (11) 3665-9900   Fax: 3665-9901
SAC: 0800 11 19 39

Para suas soluções de curso e aprendizado, visite
www.cengage.com.br

Apresentação

Com o objetivo de atender às expectativas dos estudantes e leitores que veem o estudo como fonte inesgotável de conhecimento, esta **Série Educação** traz um conteúdo didático eficaz e de qualidade, dentro de uma roupagem criativa e arrojada, direcionado aos anseios de quem busca informação e conhecimento com o dinamismo dos dias atuais.

Em cada título da série, é possível encontrar a abordagem de temas de forma abrangente, associada a uma leitura agradável e organizada, visando facilitar o aprendizado e a memorização de cada assunto. A linguagem dialógica aproxima o estudante dos temas explorados, promovendo a interação com os assuntos tratados.

As obras são estruturadas em quatro unidades, divididas em capítulos, e neles o leitor terá acesso a recursos de aprendizagem como os tópicos *Atenção*, que o alertará sobre a importância do assunto abordado, e o *Para saber mais*, com dicas interessantíssimas de leitura complementar e curiosidades incríveis, que aprofundarão os temas abordados, além de recursos ilustrativos, que permitirão a associação de cada ponto a ser estudado.

Esperamos que você encontre nesta série a materialização de um desejo: o alcance do conhecimento de maneira objetiva, agradável, didática e eficaz.

Boa leitura!

Prefácio

É inerente ao ser humano sentir-se confortável com quem lhe é semelhante. Assim fica muito mais fácil de organizar grupos, estabelecer relações e permear uma convivência.

Mas, nem sempre haverá essa similaridade ou linearidade como o indivíduo espera.

O ser humano é um ser complexo por si só. Essa complexidade não se restringe, somente, no conjunto de suas funções vitais: o funcionamento do seu organismo, a atividade do seu cérebro ou o cadenciamento da sua respiração e batimentos cardíacos. Ela vai além dessa sintonia.

Num universo onde existem milhões ou bilhões de pessoas, é natural que em determinado grupo seja identificada alguma diferença em algum indivíduo. Pode ser que essa diferença seja visível aos demais pares, como uma deficiência física, por exemplo, ou pode ser uma distinção passível de ser identificada somente por meio da convivência contínua como o autismo, as síndromes psicológicas ou o retardo mental. Qualquer que seja a diversidade, é preciso saber como lidar para que aquele que não é igual possa ser adaptado ao grupo em que vive.

Nos primórdios, essa era uma tarefa demasiadamente difícil. Aqueles que apresentavam dessemelhança eram segregados e sofriam com as severas punições, como se o diferencial fosse algo a que tivesse dado causa.

A sociedade evoluiu e o questionamento que se faz é: o que mudou de lá para cá? O que foi feito ou vem sendo feito para que se promova a inserção daqueles que apresentam diversidade em relação aos demais? Quais as propostas para o futuro próximo a fim de aprimorar esses passos? Como se dá esse processo no campo da educação?

Com o objetivo de aguçar esse debate, apresentamos o livro "*Atendimento de alunos com necessidades educacionais especiais*", elaborado através de um estudo conciso e didático a fim de esmerar as reflexões em torno do tema.

Na Unidade 1, é explorado o panorama histórico da questão a fim de tentar entender como o ser humano e a deficiência era tratada através dos tempos, desde a antiguidade até o final da idade moderna e início da idade contemporânea. Ainda nesta Unidade, são apresentados os direitos acerca e a educação especial, a educação especial no Brasil e as modalidades de atendimento para a educação especial.

Na Unidade 2, vamos estudar além das modalidades de atendimento, os recursos, os atendimentos hospitalares e os profissionais que direcionam o seu trabalho para o indivíduo que necessita de educação especial.

Na Unidade 3, vamos tratar dos Parâmetros Curriculares Nacionais (PCN's), dos estilos, dos métodos e das técnicas de aprendizagem no âmbito da educação especial.

Por fim, na Unidade 4, vamos aprender um pouco sobre os tipos de deficiências (auditiva, visual, mental, intelectual e física), as estratégias de intervenção e as condutas típicas.

Trata-se de um material elaborado com a atenção que aqueles que necessitam de cuidados especiais precisam.

Desejamos um excelente estudo.

UNIDADE 1
EDUCAÇÃO ESPECIAL – UM BREVE PANORAMA HISTÓRICO

Capítulo 1 O ser humano e a deficiência através dos tempos, 10

Capítulo 2 Os direitos e a Educação Especial, 19

Capítulo 3 A Educação Especial no Brasil, 21

Capítulo 4 Modalidades de atendimento para a Educação Especial, 23

Capítulo 5 Breve conclusão, 23

Glossário, 24

1. O ser humano e a deficiência através dos tempos

Antiguidade

Os seres humanos vivem em **grupos** desde o início de sua história. Fazer parte de um grupo garante segurança, troca de conhecimentos e aprendizagem. Mas, nos grupos formados, sempre existem regras, ainda que informais – além das diferenças entre as pessoas que os integram. Quando alguém não atende a especificações ou modelos básicos adotados no grupo, normalmente é excluído. Por alternativa, esse indivíduo afastado tem de se moldar aos padrões e códigos de conduta da maioria ou procurar outro grupo que aceite seu modo particular de ser. Sabe-se que desde o começo da humanidade sempre existiram pessoas que não se enquadravam na comunidade onde estavam inseridos. Um caso particular é o das pessoas consideradas **deficientes**.

Desde os primórdios, os seres humanos, assim como outros animais, possuem a característica de excluir os mais fracos ou aqueles que não se encaixam no que é estabelecido como comum. Na Antiguidade, por exemplo, como o meio de sobrevivência era, basicamente, a caça e a pesca, os indivíduos que não conseguiam realizar essas atividades eram descartados. Por terem de ser alimentados, cuidados e protegidos – uma vez que não conseguiam fazer as atividades por si – os deficientes eram considerados um atraso para o grupo. Em outras civilizações, porém, poderiam ser protegidos, pois agradavam aos deuses, seres temidos na terra. Naquela época, agradar aos deuses garantiria um lugar junto deles quando a morte chegasse.

> *P*ARA SABER MAIS: filme: 300 (Warner Bros, 2007 – Direção Zack Snyder). Essa obra cinematográfica é baseada nos quadrinhos de Frank Miller e retrata a batalha de Termópilas, estreito localizado na Grécia. A guerra data de 480 a.C. e deu-se em razão dos anseios do persa Xerxes em subjugar o território e o povo espartano, mesmo contra a vontade deste e de seu rei, Leônidas. Ante as diversas dificuldades, o monarca Leônidas avança de forma destemida com seu exército de 300 homens contra 300 mil soldados persas. Em uma das cenas retratadas no filme, crianças deficientes são eliminadas, para demonstrar a realidade da época.

O questionamento que se faz é: como as pessoas que precisavam de ajuda para suas necessidades básicas eram tratadas? Muitas vezes eram mortas por afogamento ou queimadas, logo após o nascimento, para evitar que se carregasse esse tipo de problema por uma vida inteira. O assassinato dessas pessoas não era visto como algo que afrontasse as leis da época. Essas pessoas eram simplesmente descartadas como um objeto ou uma coisa sem valor, uma vez que, naquele contexto, o ser humano somente tinha serventia se proporcionasse algo para o grupo – segurança ou alimentação.

> *A*TENÇÃO: as mulheres eram consideradas inferiores, pois não proporcionavam segurança ou alimentação para o grupo, porém, não eram descartadas com tanta frequência como os deficientes, já que poderiam dar à luz e continuar a espécie. Essa era a "utilidade" que ofereciam.

Idade Média

Com o passar do tempo, surgem alguns ícones que defendem a proteção e a integração dos deficientes ao convívio da comunidade. Na Idade Média, por exemplo, o famoso Nicolau (bispo de Mira ou de Bari; século III) dava amparo a todos, incluindo aqueles que portavam algum tipo de deficiência. Ele foi um ícone da época, já que as pessoas, em geral, persistiam com a ideia estabelecida de que era mais fácil eliminar quem não fosse comum a todos (em geral, aqueles que apresentavam algum tipo de anomalia), a fim de se evitar maiores atrasos ou prejuízos ao grupo.

> CURIOSIDADE: você sabia que o bispo São Nicolau deu origem ao famoso Papai Noel? Essa origem iniciou-se na Alemanha, onde as pessoas antigamente se vestiam de vermelho e distribuíam doces na rua para lembrar a bondade do bispo. Ele também é padroeiro da Grécia, da Rússia e da Turquia.

Assim como existiam ícones que defendiam o convívio dos deficientes na sociedade, outros continuavam a estranhar os chamados "diferentes".

Martinho Lutero, líder do **Protestantismo** (1483-1546), defendia que os deficientes deveriam ser purificados do seu mal, pois eram pessoas diabólicas. Ele acreditava que essas pessoas existiam porque o demônio havia se casado com uma pessoa comum e, assim, procriaram um ser deficiente. Algo não humano teria feito com que essas pessoas nascessem ou ficassem com alguma deformação devendo, portanto, serem purificadas espiritualmente para voltar a ser "iguais" aos outros. Somente assim poderiam cogitar participar da sociedade vigente e se adequar às regras estabelecidas. Muitas pessoas nessa época foram "purificadas", (ou seja, mortas) para poderem se tornar "normais". Lutero era tão influente nessa época que induzia a essa atitude não só pessoas comuns, mas também reis, príncipes e a alta sociedade. Com isso, muitos deficientes foram mortos com o consentimento da sociedade, que achava a prática corriqueira.

Martinho Lutero.

> PARA SABER MAIS: Martinho Lutero chegou a sugerir a um príncipe que afogasse um garoto de 12 anos no rio, apenas por ser diferente dos outros.

Nessa época, muitas outras pessoas consideradas diferentes foram queimadas, fazendo que se instalasse um medo geral nos indivíduos portadores de deficiências.

> *PARA SABER MAIS:* O desenho conhecido mundialmente como O Corcunda de Notre Dame *(1996, Walt Disney Pictures/Buena Vista International – baseado na obra de Victor Hugo – Notre-Dame de Paris)* retrata em sua história essa fase, tendo o Corcunda, no caso do desenho, como um dos personagens principais.

Enquanto isso, pesquisadores, médicos e estudiosos começam uma busca para encontrar respostas sobre as deficiências, já que o assunto era obscuro para a sociedade. Entre eles estavam Paracelso (1493-1541), médico e botânico, e Cardano (1501-1576), filósofo. Eles foram os pioneiros em apresentar considerações sobre a deficiência mental como um problema biológico, de característica médica. Com isso, todas as crenças anteriores a respeito da deficiência começam a cair por terra, já que a medicina começava a apresentar uma nova proposta muito mais lógica para esses casos. Com base nessa nova constatação, a indagação que se faz é: como ajudar e tratar essas pessoas?

Os estudos continuaram para tentar entender melhor esse tipo de diferença que havia entre as muitas pessoas que viviam na sociedade.

> *CURIOSIDADE:* Paracelso, na verdade, era Philippus Aureolus Theophrastus Bombastus von Hohenheim. O nome Paracelso, pelo qual ficou conhecido, foi uma alcunha dada (teoricamente dada pelo próprio pai) para demonstrar que ele era mais sábio do que o próprio Celso – médico famoso que escreveu o manual de medicina utilizado na época. Alguns dos outros nomes possuem origem desconhecida, como Aureolus.

Com o passar do tempo, as pesquisas evoluíram e, em Londres, Thomas Willis (1621-1675) conseguiu demonstrar cientificamente a deficiência mental por meio de estudos na área de neuroanatomia. Esses estudos abriram muitas alternativas para se entender o que acontece no cérebro humano, que conduz a esses tipos de anomalias. Com isso, estabelecer a deficiência humana como condição patológica tornou-se mais fácil e fidedigno.

Idade Moderna

No século XVII, John Locke (1632-1704), filósofo do **Empirismo**, faz classificações das pessoas com deficiência e coloca, nos seus apontamentos, que os recém-nascidos e as pessoas com deficiência eram desprovidas de conhecimento e capacidade e impossibilitadas de desenvolverem habilidades. Seus respectivos cérebros, nesse contexto, eram considerados "página em branco a ser preenchida" ou, como o próprio filósofo preferiu definir, uma espécie de "tábula rasa".

Paracelso.

John Locke.

É a partir daí que se começa desenvolver um estudo mais amplo para tentar entender essas pessoas, objetivando permitir-lhes uma melhor condição de sobrevivência, além de viabilizar o desenvolvimento dos seres humanos em geral.

No século XVIII, François-Emmanuel Fodéré (1764-1835), médico e botânico, escreveu o *Tratado do Bócio e do Cretinismo*, que defende a ideia de evitar que pessoas com **bócio** se reproduzissem. Apoiava, inclusive, a esterilização dessas pessoas. Com essa decisão, entendia ele, outras pessoas deixariam de nascer com o mesmo problema, uma vez que acreditava que aquela doença era transmitida de pai para filho.

O bócio, como se sabe, é uma deficiência por falta de iodo no corpo. A ideia de que a doença seria hereditária dava-se em razão do desconhecimento acerca dos alimentos, dos minerais, em especial o sal, e sua importância para o desenvolvimento do ser humano.

Bócio é uma deficiência por falta de iodo no corpo.

Charles Michel de L'Épée.

A França, então, começou a se estabelecer como um país onde se desenvolvia vários estudos a respeito das diversas deficiências conhecidas da época. Para algumas delas, os estudos foram feitos com mais afinco. Descobertas foram feitas e surgiram, então, institutos, isto é, lugares onde se podiam fazer tratamentos e exames, com pessoas dedicadas a ajudar a melhorar a qualidade de vida daqueles que apresentavam a deficiência em questão.

Como exemplo, temos Charles Michel de L'Épée (1712-1789), que cria o Instituto Nacional de Surdos-Mudos, em 1760.

Final da Idade Moderna e início da Idade Contemporânea

Valentin Haüy (1745-1822), em 1784, criou o Instituto de Jovens Cegos, para que essas pessoas se comunicassem com gestos e aprendessem trabalhos manuais, a fim de que se desenvolvessem e, assim, se sentissem mais produtivas, e não aquém à sociedade, como supunham.

Estabeleceu-se, então, dois tipos de propostas educacionais: a proposta da normalidade, que contemplava a escola regular, onde o aluno tido como "normal" frequentava; e a anormalidade, que atendia aos alunos que eram considerados "anormais", então conhecida como **Educação Especial**.

Assim, Jean-Marc-Gaspard Itard (1774-1838), médico e psiquiatra, apresentou uma ideia programática e sistemática para a Educação Especial (1800). Seus estudos estão relacionados com pessoas portadoras de deficiência na fala e na audição.

Para isso, Itard fez uma série de atividades com uma criança selvagem[1], que vivia nas matas próximas e se escondia do contato humano. Como resultado, a educou para que vivesse em sociedade. Apesar de ter sido feito há muito tempo, ainda hoje são atuais seus relatos, pois envolve aprendizado de comportamen-

---

[1] Victor de l'Aveyron, garoto selvagem encontrado no século XIX, nas florestas do Sul da França, com aproximadamente 15 anos.

tos básicos e que muito podem ajudar na atualidade, dependendo da situação em que a pessoa com deficiência se encontra.

> *PARA SABER MAIS: Itard também descreveu, pela primeira vez, a Síndrome de Tourette (1825), em que a pessoa tem movimentos involuntários, às vezes com barulhos, que são rápidos e inconstantes. Atualmente, a Síndrome de Tourette é conhecida e existem tratamentos para o seu controle.*

Vale lembrar que várias outras pesquisas foram feitas e muitos ensaios foram descartados. Em Salzburgo, 1816, por exemplo, foram criados serviços educacionais para *imbecis* e *idiotas* (nomenclatura utilizada na época). Algumas experiências foram feitas também na França, todas sem sucesso. Essas últimas foram malsucedidas por falta de financiamentos.

Em 1824, Louis Braille (1809-1852), estudante cego, apresentou o sistema de leitura e escrita com pontos. Braille aprimorou um sistema que antes era feito de forma rudimentar e não atendia efetivamente às suas necessidades. O Sistema Braile é utilizado até hoje e propicia comunicação ao indivíduo em diversas esferas da sociedade, garantindo sua autonomia e cidadania. Disse Braille:

Se os meus olhos não me deixam obter informações sobre homens e eventos, sobre ideias e doutrinas, terei de encontrar uma outra forma.

Síndrome de Tourette.

*P*ARA SABER MAIS: *Braille nasceu com a visão perfeita, mas a perdeu quando furou um olho na oficina de seu pai. Acometido por uma bactéria, que atacou a ferida, a inflamação alastrou-se, deixando-o completamente cego aos três anos de idade.*

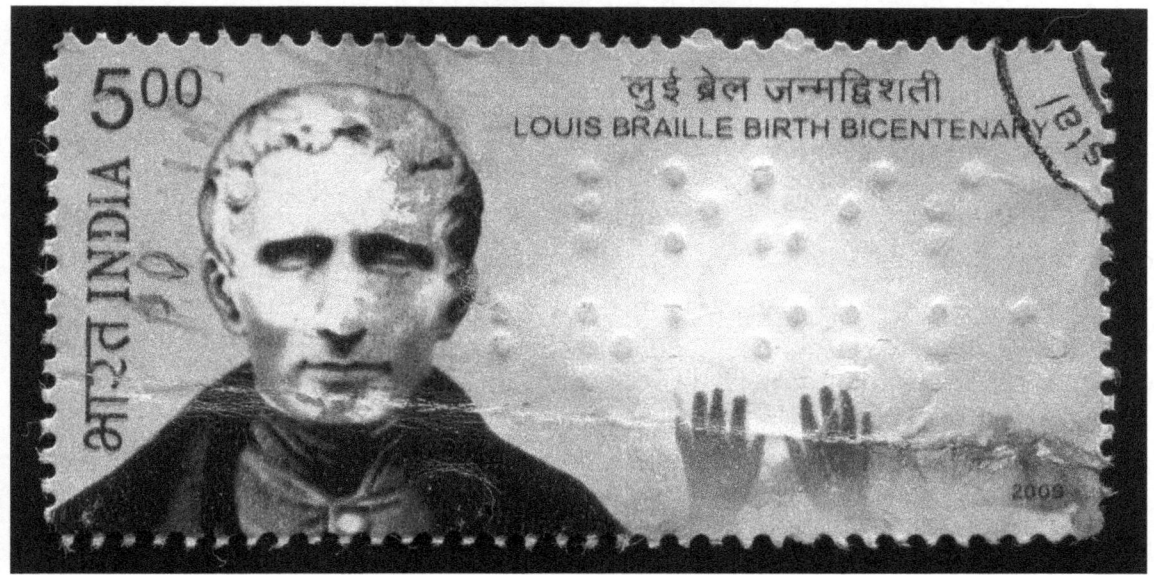

Louis Braille.

Em algumas partes do mundo vão surgindo estudos, pesquisas, escolas e institutos para entender e melhorar a qualidade de vida das pessoas com deficiência.

Na Alemanha, em 1832, um grupo de médicos desenvolveu o Instituto para Deficiência Física. Com isso, além de ajudar essas pessoas, também foi possível estudar formas de trabalho e convivência com os portadores de deficiências físicas. Várias pessoas que antes não tinham apoio passaram a utilizar o espaço para ampliar suas capacidades. Uma vez que não possuíam limitações mentais, conseguiam controlar o desenvolvimento de suas habilidades, bem como, aproveitar melhor a troca de conhecimentos com os outros.

Em 1840, foi fundada a escola de Abendberg, voltada para o desenvolvimento da autonomia e da independência de seus alunos por meio do aprimoramento de suas habilidades, proporcionando suas inserções na sociedade.

Johann Heinrich Pestalozzi (1746-1827), pedagogo suíço e educador, defendia uma escola para todas as crianças, com três principais pilares: *conhecimento*, *habilidade manual* e *valorização da moral humana*. A concepção era conduzir a aprendizagem partindo do mais fácil para o mais difícil. Pestalozzi foi um inovador dessa época, pois não eram todas as crianças que frequentavam a escola. Mesmo aquelas consideradas normais, não recebiam educação, obrigatoriamente. Ele ajudou não somente os deficientes, com as suas ideias, mas uma população de crianças que estava sem perspectiva de escolarização.

Esse foi um importante passo para várias pessoas em diversos países do mundo, pois abriu portas para que fossem desenvolvidos outros centros de aprendizado, usando essas bases como premissas.

> *PARA SABER MAIS: Pestalozzi perdeu o pai muito novo e foi criado pela mãe. Quando criança, passou por necessidades, pois era pobre e sabia como era viver sendo rejeitado. Acreditava que a mudança social teria de vir da educação do povo. Não era considerado um iluminista, pois sua religiosidade era mais aflorada. Contudo, colaborou bastante com o movimento.*

No final do século XIX e início do século XX, a ideia de que as crianças deficientes precisavam de uma educação baseada nos estudos médicos foi caindo em desuso, e o foco começou a se tornar psicopedagógico. No século XX, Maria Montessori[2] (1869-1952), após vários estudos sobre crianças com deficiências, cria seu próprio método que vai do concreto para o abstrato. Essa estratégia indica que a criança necessita primeiro saber lidar e ter contato com a prática de atividades para depois entender os conceitos abstratos. O Método Montessori ainda é utilizado em algumas unidades escolares do Brasil. Ele garante que todas as crianças possam passar por todas essas fases independentemente da sua condição, ou seja, permite que todos tenham acesso ao aprendizado.

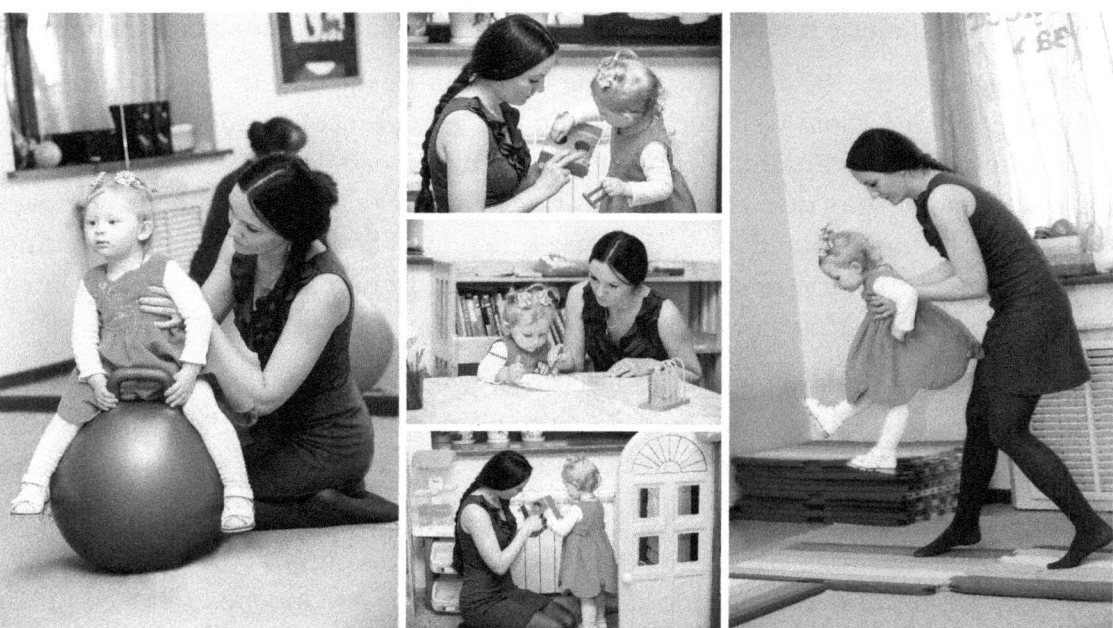

Desenvolvimento infantil.

---

[2] Maria Montessori era médica, formada na Itália. Era conhecida como "a doutora" por isso. Na terceira edição do livro *Pedagogia Científica*, ela alega que seu método foi desenvolvido baseado em experiências com crianças deficientes – anormais que estavam em orfanatos ou mesmo em classes de alunos chamados de "lentos".

Nesta mesma época, surgiu um estudo do francês Alfred Binet (1857-1911) sobre QI (quociente intelectual). Esse estudo promoveu uma classificação das pessoas para poderem ser direcionadas de acordo com suas capacidades intelectuais.

Embora atualmente ainda se use esse tipo de classificação, o QI não demonstra realmente a capacidade das pessoas para realizar atividades e tarefas. Tome, por exemplo, crianças pequenas que já dominam a tecnologia muito mais do que dominávamos quando ela surgiu. Cada pessoa tem um grupo de habilidades diferentes que poderão ser desenvolvidas de acordo com sua vontade e oportunidade.

> *PARA SABER MAIS: Em uma cena do filme Forrest Gump (Paramount Pictures, 1994) o diretor da escola, onde a mãe do personagem Forrest quer matriculá-lo, rejeita sua matrícula alegando que ele tem um QI abaixo do esperado para entrar em sala de aula.*

No cenário mundial do século XX, temos os seguintes fatos importantes: em 1940, o maior desafio era montar escolas especializadas para atender pessoas portadoras de deficiência, pois não havia muitos profissionais especializados nesse tipo de demanda nem estruturas físicas para receber essas pessoas, e os governantes não estavam muito preocupados com esse grupo. Atualmente, existem vários centros especializados, mas que, muitas vezes, necessitam de ajuda não governamental para continuar funcionando adequadamente.

Cada pessoa com grupo de habilidades diferentes.

2. Os direitos e a Educação Especial

Em 1984, surgiu a Declaração Universal dos Direitos Humanos das Nações Unidas, elaborada pela a ONU (Organização das Nações Unidas), que demonstra preocupação com as pessoas portadoras de alguma deficiência. A Declaração Universal foi instituída na mesma época em que muitos soldados voltavam da guerra do Vietnã com vários tipos de transtornos e problemas. Nos EUA, houve várias passeatas e atos públicos para que as autoridades criassem leis em favor de melhorias gerais.

De 1940 à 1960, pais de crianças com deficiências fundaram organizações para ajudar na educação de seus filhos. Muitos deles encontravam dificuldades de adaptação de seus filhos e viam dificuldades em encontrar a forma correta de como cuidar e tratar de cada problema. Essas organizações, em sua maioria não governamentais, eram mantidas pelos pais com ajuda de donativos e com o auxílio de profissionais que procuravam da melhor forma possível atender a diversidade de casos.

Nos EUA, em 1975, após um ato da educação para todas as crianças portadoras de deficiência, promulgou-se a Lei Pública, que visa o respeito e o melhor atendimento às crianças portadoras de deficiência. Isso demonstra uma evolução quanto à forma para ajudar a essas pessoas, mostrando à sociedade como eles podem ser autônomos e participativos.

No Reino Unido, em 1974, o Secretario da Educação encomendou à uma comissão de especialistas o Relatório Warnock[3] para reavaliar o atendimento aos alunos com deficiência. Esse relatório tinha como função demonstrar como estava a situação de atendimento a esses alunos. Para isso, os especialistas precisavam conhecer melhor como estava sendo desenvolvido o atendimento em suas unidades escolares e não escolares.

A ONU declarou o ano de 1981 como o Ano Internacional das Pessoas Deficientes, no intuito de incentivar os governantes a tomar consciência e providências no auxílio às pessoas com deficiência.

Esse ato foi um grande marco para que muitas pessoas percebessem que todas as pessoas têm direitos e que podem fazer parte ativa na sociedade em que vivem, contribuindo assim, para um mundo melhor e mais igualitário.

Em 1990, surgiram as Classes Especiais em escolas regulares nos EUA e no Canadá. Essas salas tinham como principal objetivo integrar os alunos com alguma deficiência junto aos outros alunos proporcionando trocas de aprendizagem e conhecimento.

A Declaração de Salamanca, de 1994, determinou um conjunto de medidas para garantir os direitos das crianças em escolas regulares, evitando, assim, a discriminação. Nessa ocasião, é apresentado o termo NEE (Necessidades Educativas Especiais), que abrange não só deficientes, mas todas as pessoas que possuem dificuldades de aprendizagem. Essa Declaração tem uma grande importância para todo o mundo, uma vez que vários representantes mundiais participaram e elencaram medidas visando o desenvolvimento integral dessas pessoas.

Em 2004, foi criada a Declaração de Montreal sobre a Deficiência Intelectual. Nesta, o enfoque é dado para as pessoas que apresentam alguma deficiência mental e determina alguns parâmetros e diretrizes para colaborar e desenvolver o deficiente intelectual.

---

[3] Apresentado para o Parlamento Britânico por Mary Warnock, o relatório constatou que 20% das crianças apresentavam algum tipo de Necessidade Educativa Especial (NEE) durante seu período escolar.

3. A Educação Especial no Brasil

No Brasil, o processo de implementação da Educação Especial tem se arrastado de forma lenta e com poucos avanços em relação a outros países. Começamos com a Constituição de 1824, outorgada por D. Pedro I, que proibia o direito político do incapacitado físico ou moral (título II, artigo 8, item 1).

Essa proibição demonstra a total falta de conhecimento sobre qualquer tipo de deficiência que as pessoas apresentavam.

Com o passar do tempo, e com os avanços das pesquisas europeias, o Brasil começou a evoluir em relação ao acompanhamento dos deficientes. Primeiro, com a fundação do Instituto dos Meninos Cegos, em 1854 – atualmente Instituto Benjamin Constant. Em seguida, veio o Instituto dos Surdos-Mudos, em 1857 – atualmente Instituto Nacional de Educação de Surdos (INES) –, no Rio de Janeiro, por iniciativa do governo imperial.

Dom Pedro I.

Portanto, assim "se constitui uma medida precária em termos nacionais, pois com uma população de 15.848 cegos e 11.595 surdos no país, em 1872, eram atendidos apenas 35 cegos e 17 surdos" (MAZZOTTA, 1996, p. 29).

Após 50 anos da Constituição que cerceava os direitos dos deficientes, em 1874, fundou-se o Hospital Juliano Moreira, criado pelo próprio médico que dá nome a ele, na cidade de Salvador, Bahia, para atender pessoas com deficiência mental. Com isso, passou-se a demonstrar um novo olhar para esses indivíduos como uma tentativa de amenizar a falta de tratamento.

No período de 1930, desembarcou no Brasil a psicóloga russa Helena Wladimirna Antipoff (1892-1974) que fundou a primeira Sociedade Pestalozzi e, com grande influência, a ajudou na formação da Associação de Pais e Amigos dos Excepcionais (Apae)[4], em 1954.

---

[4] A Apae é formada por um grupo de pais, professores, médicos e amigos de excepcionais (termo não mais usado atualmente), criada em 1954, inicialmente com a motivação de Beatrice Bemis, americana, membro do corpo diplomático e mãe de uma portadora da Síndrome de Down.

Como a fundação da Sociedade Pestalozzi não efetivou ajuda a todas as crianças, já que a demanda era grande, foi criado, em 1973, o Centro Nacional de Educação Especial (Cenesp) – primeiro órgão oficial.

Em 1967, a Sociedade Pestalozzi no Brasil já contava com 16 instituições por todo o país. Nessa época, foi criada a Federação Nacional das Apaes (Fenapaes) e realizado seu primeiro congresso.

A instituição Apae, atualmente, tem o melhor atendimento para pessoas com diversas deficiências no Brasil e conta com um grupo de profissionais altamente comprometidos com o tratamento e desenvolvimento integral desses cidadãos.

Em 1957, foi realizada a primeira "Campanha para Educação de Surdo Brasileiro", que mobilizou a população para essa realidade da época.

Em 1958, aconteceu a "Campanha Nacional da Educação e Reabilitação do Deficiente da Visão", que ajudou a apresentar os problemas do deficiente visual.

Após 13 anos, criou-se a Coordenadoria Nacional para Integração da Pessoa Portadora de Deficiência (Corde). Esse órgão estabeleceu medidas para minimizar as dificuldades que as pessoas portadoras de deficiência encontram em sua vida diária.

Foi criado em 1987, no Estado de São Paulo, as Diretrizes da Educação Especial, que regulamentava o direcionamento das crianças para as salas integradas ou classes especiais. Nessas salas, um professor especializado era designado para atender aos alunos que estavam matriculados de forma individual, fazendo que eles participassem de atividades com as outras salas, envolvendo todo o grupo escolar. Atualmente, segundo a LDBEN, a classe especial só poderá ser efetivada em caráter temporário.

A Constituição de 1988 dispôs, como uma das garantias fundamentais, o direito à educação, assegurando atendimento educacional especializado aos portadores de deficiência, preferencialmente na escola regular. Isso parece muito bom no papel, mas as escolas regulares, na época de sua promulgação, não tinham estrutura física, nem profissionais especializados para atender a demanda. Até hoje, muitas escolas pelo território brasileiro, apresentam falta de estrutura e de profissionais para poder trabalhar com portadores de deficiência.

O ECA (Estatuto da Criança e do Adolescente), Lei n. 8.069/80, reiterou esses direitos já apresentados anteriormente por outras leis. Já a Lei Federal de Diretrizes e Bases da Educação Nacional (Lei n. 9.394/96) ajustou a legislação federal no sentido de garantir o direito das crianças e adolescentes, deficientes ou não, de frequentar e ter atendimento em escolas regulares do país. Precisamos ainda de muitas ações para que isso ocorra de forma justa em todo o território nacional, e não somente nas grandes metrópoles do país.

O MEC (Ministério da Educação) elabora um documento de 1997, para adaptar os PCNs (Parâmetros Curriculares Nacionais), que constituem um referencial de qualidade para a educação no Ensino Fundamental. Sua função é orientar e garantir a coerência dos investimentos no sistema educacional. Eles também atuam como um elemento catalisador das ações em busca de uma melhoria da qualidade da educação brasileira, com sua implantação em 1998. Esses parâmetros têm como objetivo, dar liberdade de acesso e permanência dos educandos na escola, aprendendo e interagindo com o meio em que vive.

4. Modalidades de atendimento para a Educação Especial

De acordo com o Capítulo V, artigo 58, da LDBEN (Lei de Diretrizes e Bases da Educação Nacional), a educação especial é classificada como " a modalidade de educação escolar, oferecida, preferencialmente, na rede regular de ensino para o educando portador de necessidades especiais". O parágrafo 1º do mesmo artigo relata que "haverá, quando necessário, serviços de apoio especializado, na escola regular, para atender as peculiaridades da clientela de educação especial".

Existem várias modalidades para o atendimento: sala de estimulação especial, classe comum, classe especial, escola especializada, oficina pedagógica, classe hospitalar, atendimento domiciliar, professor itinerante, sala de recursos, laboratório de informática, centro de apoio pedagógico e sala de recursos multimídia.

5. Breve conclusão

Vimos, até aqui, um breve histórico de como vem se desenvolvendo os estudos (e suas aplicações) sobre as pessoas portadoras de deficiência.

Desde os primórdios, o indivíduo com deficiência esteve segregado de seu grupo. Era considerado um ser diferente, em alguns momentos com a necessidade de se inspirar cuidados, em outros, rejeitado no meio em que vivia.

Muitas foram as teses para definir tais diferenças. Uma pessoa cega, surda ou limitada de alguma maneira para desenvolver habilidades, era vista como uma exceção à regra e, para coibir a geração de mais pessoas nessas condições, chegou a se pensar numa esterilização desses indivíduos. Em outras épocas, pensava-se que os deficientes eram incapazes de integrar a sociedade. Hoje, o contexto não é tão assustador como antes, mas é possível avançar mais.

Na Unidade 2 dessa obra, serão exploradas as modalidades de atendimento. Cada uma delas é de extrema importância e deve ser aplicada de modo a melhorar a autonomia das pessoas com deficiência.

Glossário – Unidade 1

Bócio – doença causada pelo aumento da tireóide (glândula localizada da região do pescoço) que é causada pela ausência de iodo e sais minerais no organismo.

Deficientes – refere-se a uma disfunção física ou psíquica de um indivíduo.

Educação Especial – ramo da educação que se caracteriza pelo atendimento a indivíduos que possuem alguma deficiência.

Empirismo – doutrina filosófica que afirma que o conhecimento se origina de experiências vividas pelo indivíduo.

Grupo – Conjunto de pessoas, em geral, com características semelhantes.

Protestantismo – ramo do Cristianismo que surgiu a partir de um grupo, liderado por Martinho Lutero que possuía fortes críticas às práticas e doutrinas do catolicismo romano medieval, dominante na época.

UNIDADE 2
MODALIDADES DE ATENDIMENTO

Capítulo 1 Modalidades de atendimento, 26

Capítulo 2 Recursos, 32

Capítulo 3 Atendimentos hospitalares, 33

Capítulo 4 Profissionais especializados, 35

Glossário, 38

Vimos, na primeira unidade, um breve panorama histórico das modalidades de atendimento aos alunos com necessidades especiais. Agora, vamos estudá-las de uma maneira mais aprofundada, bem como suas teorias.

1. Modalidades de atendimento

Modalidades são processos de ensino-aprendizagem que visam atender de forma específica aos alunos com necessidades educacionais especiais. Essas modalidades foram aprimoradas ao longo da sua implantação para desenvolver a autonomia dos alunos nos estudos e na vida cotidiana escolar.

Após vários estudos, percebeu-se a necessidade de atendimentos específicos para os alunos com necessidades especiais. No Brasil, a LDBEN[1] instituiu à Educação Especial as seguintes modalidades de atendimento:

Vamos iniciar com a **sala de estimulação especial** que prioriza a promoção do relaxamento e do lazer. Outra característica é o estímulo dos sentidos primários, que permite ao aluno a experiência da exploração, da descoberta, da escolha e da oportunidade de controlar o ambiente. A sala também auxilia a compreensão em relação ao gostar ou não gostar, permite o trabalho individual e grupal, incentiva o movimento e a motivação, estimula as sensações de bem-estar e alegria; tudo isso motiva a aprendizagem. A sala é indicada para crianças de 0 a 3 anos, segundo a Política Nacional de Educação Especial na Perspectiva da Educação Inclusiva, pois é nesse período que a estimulação surte um maior desenvolvimento, ajudando as crianças ao longo da sua vida dentro e fora da escola.

Inicialmente, essa sala foi montada para atender aos idosos com **demência**, mas, após a verificação de sua utilidade na escola, anexaram à sua forma original, outros elementos para desenvolver o trabalho com crianças pequenas. Agora, como tratamento de deficiências, essa sala é montada em lugares de atendimento especializado e pode ser usada por qualquer pessoa que dela necessite. A lei garante que as crianças pequenas que frequentam a escola tenham em seu currículo escolar a sala de estimulação para aprimorar suas habilidades.

> *PARA SABER MAIS: a Sala Estimulação Especial surgiu com base na experiência de dois terapeutas que trabalhavam com idosos portadores de demência. Após verificarem que as estimulações na sala tinham efeito de relaxamento, deram o nome para a sala de Snoezelen. O termo Snoezelen provém do Holandês Snuffelen = cheirar, e Doezelen = tornar-se leve.*

---

[1] Lei de Diretrizes e Bases da Educação Nacional (Lei n. 9.394/96).

Essas salas são para todas as crianças, uma vez que na educação infantil já se propicia esses tipos de estímulos, mas os alunos com necessidades educacionais especiais a utilizam como forma de terapia (fora do horário escolar), pois necessitam de maior desenvolvimento de seus estímulos. No Referencial Curricular Nacional para a Educação Infantil[2], é descrita a importância da estimulação desde o nascimento, iniciando-o em casa e, em seguida, desenvolvendo-o nas instituições de ensino.

Os materiais existentes nessa sala são variados. Tudo depende do objetivo a ser alcançado. Na maioria das vezes são brinquedos, jogos e músicas que auxiliam no desenvolvimento da capacidade sonora, sensorial e tátil, estimulando a interação das crianças com o mundo que as cerca.

Vamos estudar agora a *classe comum*, lugar frequentado por todas as crianças de um determinado ciclo, matriculadas nas unidades públicas. Faz-se necessário observar que a LDBEN prevê vários artigos com relação a ela. Sobre a divisão dos alunos nas classes comuns, temos de observar se há "distribuição dos alunos com necessidades educacionais especiais de modo que essas classes comuns se beneficiem das diferenças e ampliem positivamente as experiências de todos os alunos", uma vez que a inclusão visa integrar o aluno com necessidades especiais para haver troca de experiências e aprendizado entre os alunos e com os professores.

Para que isso ocorra a contento, há a necessidade de adaptar o currículo escolar, uma vez que a lei permite que haja: "flexibilizações e adaptações curriculares que considerarem o significado prático e instrumental dos conteúdos básicos". Com isso, o conteúdo de aulas e avaliações precisam estar de acordo com as necessidades dos alunos envolvidos no processo ensino-aprendizagem. Já os serviços de apoio pedagógico especializado, podem ser realizados na classe comum, (mediante atuação de professor da educação especial, de professores intérpretes das linguagens e códigos aplicáveis, como

Crianças com necessidades especiais podem frequentar a classe comum.

---

[2] *Referencial Curricular Nacional para a Educação Infantil* (RCNEI). volumes 1 e 2. Brasília: MEC/SEF, 1998.

a língua de sinais e o sistema Braille) e de outros profissionais como psicólogos e fonoaudiólogos), e em salas de recursos (nas quais o professor da educação especial realiza a complementação e/ou suplementação curricular, utilizando equipamentos e materiais específicos). Esses serviços precisam estar disponíveis e suficientes para atender toda a demanda escolar.

Outra modalidade é a *classe especial*. De acordo com as Diretrizes Curriculares Nacionais para a Educação Básica e os Parâmetros Curriculares Nacionais, as escolas podem criar classes especiais, em caráter transitório, porém seguindo o exposto na LDBEN: ter professores especializados em educação especial; organizar as classes conforme as necessidades educacionais especiais apresentadas, sem agrupar alunos com diferentes tipos de deficiência; ter equipamentos e materiais específicos; adaptar o acesso ao currículo e aos elementos curriculares; elaborar atividades para atingir uma vida autônoma e social no turno inverso, quando necessário.

Por definição, a classe especial é uma sala de aula da escola regular, organizada como ambiente adequado ao processo ensino-aprendizagem dos alunos portadores de necessidades educacionais especiais, onde professores capacitados utilizam métodos, técnicas e recursos pedagógicos especializados (jogos educativos e material montado pelos próprios professores) e, quando necessário, equipamentos e materiais didáticos específicos. Esta classe oferece estímulos

A classe especial é destinada aos alunos com necessidades especiais.

mais específicos para os alunos com deficiência, já que as aulas normalmente são programadas para atender demandas específicas durante o processo de ensino-aprendizagem. Ou seja, *a priori*, o processo de ensino-aprendizagem inserido nessa sala é definido e estabelecido de acordo com as necessidades dos alunos que a frequentam.

Seguindo esse modelo, temos a **escola especializada**. Esta é uma instituição especializada em prestar atendimento psicopedagógico aos educandos portadores de deficiências e condutas típicas, onde são desenvolvidos e utilizados currículos adaptados, programas e procedimentos metodológicos diferenciados, exigindo equipamentos e materiais didáticos específicos para o desenvolvimento global do aluno. Para isso, as Diretrizes Nacionais para a Educação Especial na Educação Básica promulga:

I. matrícula e atendimento educacional especializado nas etapas e modalidades da Educação Básica previstas em lei e no seu regimento escolar;

II. encaminhamento de alunos para a educação regular, inclusive para a educação de jovens e adultos;

III. parcerias com escolas das redes públicas regulares ou privadas de educação profissional;

IV. conclusão e certificação de educação escolar, incluindo terminalidade específica, para alunos com deficiência mental e múltipla;

As escolas especializadas são previstas nas Diretrizes Nacionais para a Educação Especial na Educação Básica.

V. professores especializados e equipe técnica de apoio;

VI. flexibilização e adaptação do currículo previstos na LDBEN, nos Referenciais e nos Parâmetros Curriculares Nacionais.

Há, também, entre as modalidades de atendimento, a **oficina pedagógica**. Para Vygotsky (1896-1934), que desenvolveu estudos sobre as Zonas de Desenvolvimento Proximal, a sala pode ser considerada o espaço para o desenvolvimento real estabelecido – que, normalmente, é definido com a resolução independente de problemas – e o desenvolvimento potencial, que se dá com a resolução de problemas com a supervisão de um adulto e em grupo (formado muitas vezes por colegas considerados mais capazes que colaboram com o processo).

Essas oficinas são montadas, dentro ou fora das escolas, de acordo com a necessidade de cada unidade e consistem na promoção de atividades que desenvolvam o indivíduo e favoreçam a sua autonomia cotidiana. São exemplos de oficinas: marcenaria, corte e costura, confecção de pães, jogos, brincadeiras, atividades físicas, artesanato, entre outras.

Está prevista também na LDBEN o **Centro Integrado de Educação Especial**, que é uma organização que dispõe de serviços de avaliação diagnóstica, de estimulação essencial, de escolarização propriamente dita e de preparação para

Oficina para desenvolver atividades manuais.

o trabalho contando com o apoio de equipe interdisciplinar que utiliza equipamentos, materiais e recursos didáticos específicos para atender aos alunos portadores de necessidades especiais.

Temos ainda a **sala de recursos**, que funciona em escolas regulares e dispõe de equipamentos e recursos pedagógicos específicos (jogos, brinquedos educativos e materiais feitos pelos próprios professores – muitas vezes produzidos da reciclagem de outros materiais, proporcionando um melhor desenvolvimento dos alunos) e de professores especializados para atuar junto ao educando com necessidades educacionais especiais. A LDBEN define a sala de recursos como um "serviço de natureza pedagógica, conduzido por professor especializado, que suplementa (no caso dos superdotados) e complementa (para os demais alunos) o atendimento educacional realizado em classes comuns da rede regular de ensino. Esse serviço realiza-se em escolas, em local dotado de equipamentos e recursos pedagógicos adequados às necessidades educacionais especiais dos alunos, podendo estender-se a alunos de escolas próximas, nas quais ainda não exista esse atendimento. Pode ser realizado individualmente ou em pequenos grupos, para alunos que apresentem necessidades educacionais especiais semelhantes, em horário diferente daquele em que frequenta a classe comum."

A sala de recursos possibilita um desenvolvimento mais específico no processo de ensino-aprendizagem.

Podemos nos valer, também, do popular *laboratório de informática*, que é um local onde se apresentam vários computadores para o desenvolvimento de atividades com o educando de necessidades especiais, com programas educativos adequados à idade. Nesse universo da informática, existem vários recursos de acessibilidade para os alunos com necessidades educacionais especiais. Podemos verificar, por exemplo, o **capacete com ponteira**.

2. Recursos

Citamos aqui o capacete com ponteira como recurso de acessibilidade. Temos, também, vários outros que podemos utilizar para facilitar o processo de aprendizagem dos alunos com certa deficiência. São alguns deles:

- *Pulseira de pesos* – utilizada para diminuir movimentos involuntários causados pela paralisia, evitando que teclas indesejadas sejam pressionadas.

- *Máscara de teclado ou colmeia* – tem por finalidade evitar que o aluno que apresenta movimentos involuntários pressione teclas indesejadas.

- *Mouse adaptado* – Mouse adaptado com três teclas individuais grandes que permitem o "clique", "duplo clique" e "arrastar".

Temos, também, *softwares* especiais de acessibilidade que facilitam a interação do aluno com necessidades educacionais especiais com a máquina.

A tecnologia colabora com o desenvolvimento de recursos para a aprendizagem.

A classe hospitalar promove o desenvolvimento do aluno.

Esses recursos visam contribuir para que todos os alunos com necessidades educacionais especiais possam participar das aulas, tirando delas o maior aproveitamento possível para aprimorar suas aprendizagens. Vários autores desenvolveram pesquisas nessa área, como TAYLOR (1980); MENDONÇA e RAMOS (1991); FERREIRA (1998); PAULA e REIS (1998); MELO, SANTOS e SEGRE (2002).

3. Atendimentos hospitalares

Pensando em crianças que precisam de atendimento clínico ou domiciliar temporário ou permanente, a LDBEN prevê, também, algumas modalidades para conciliar o processo de desenvolvimento cognitivo com seu tratamento médico. Para tanto, prevê a lei a **classe hospitalar** e o **atendimento domiciliar**.

Segundo a LDBEN, a classe hospitalar é um "serviço destinado a prover, mediante atendimento especializado, a educação escolar a alunos impossibilitados de frequentar as aulas em razão de tratamento de saúde que implique internação hospitalar ou atendimento ambulatorial".

Os hospitais que atendem às crianças em faixa etária escolar, normalmente, têm uma sala para esse tipo de atendimento, mas não são todos os que propiciam isso, e os professores voluntários são os que estão nesse tipo de modalidade. No espaço em questão, existem livros para leitura, jogos e brinquedos

O atendimento domiciliar tranquiliza a criança e a família.

educativos. O material escolar pode ser feito por meio de apostilas, ou mesmo **livros consumíveis**.

Seguindo o propósito de atendimento para crianças que precisam de atendimento hospitalar, existe também o chamado atendimento domiciliar, que é o atendimento educacional prestado ao portador de necessidades educativas especiais em sua casa, em função da impossibilidade de frequentar a escola. Segundo a LDBEN, o atendimento domiciliar é o "serviço destinado a viabilizar, mediante atendimento especializado, a educação escolar de alunos que estejam impossibilitados de frequentar as aulas em razão de tratamento de saúde que implique permanência prolongada em domicílio".

Quando a criança recebe o atendimento domiciliar, a família dessa criança se sente segura e amparada, pois é importante manter uma rotina de atividades para que não se crie um distanciamento entre o que a criança vivia na unidade escolar e o que vai ser desenvolvido nessas aulas. O professor segue um currículo elaborado pelos integrantes da escola (coordenadores, professores e professores especialistas) para evitar defasagem na aprendizagem, partindo de onde a criança parou para continuar seu processo de ensino-aprendizagem.

4. Profissionais especializados

Veremos alguns profissionais especializados que fazem parte das modalidades de atendimento aos portadores de necessidades especiais. Esses profissionais, muitas vezes, definem a própria modalidade em si ou realizam um trabalho para que a modalidade em questão seja aplicada de forma eficaz para o processo de ensino-aprendizagem.

Por existir modalidades como o atendimento domiciliar, a necessidade de um professor itinerante mostrou-se evidente. O professor itinerante é um professor especializado na área de Educação Especial, que periodicamente vai à escola regular, onde o educando estuda portador de necessidades educativas especiais para trabalhar com ele e com seu professor, oferecendo-lhes ensino, orientação e supervisão. Segundo a LDBEN, o professor itinerante presta um "serviço de orientação e supervisão pedagógica desenvolvida por professores especializados que fazem visitas periódicas às escolas para trabalhar com os alunos que apresentem necessidades educacionais especiais e com seus respectivos professores da classe comum da rede regular de ensino".

Nessa vertente, temos também os *professores intérpretes*. Segundo a LDBEN, esses professores "são profissionais especializados para apoiar alunos surdos, surdos-cegos e outros que apresentem sérios comprometimentos de comunicação e sinalização".

Esses profissionais se valem da comunicação feita em Libras (Língua Brasileira de Sinais) língua usada pelas pessoas surdas, podendo ser aprendida por qualquer um. Para tanto, essa pessoa necessita de treinamento específico, como em qualquer outra língua.

Não aceitar a língua de uma pessoa significa não aceitá-la, e isso é considerado um tipo de exclusão social.

> *P*ARA SABER MAIS: o TSE (Tribunal Superior Eleitoral) já implementou o projeto para ter um intérprete de Libras para que as pessoas com deficiência auditiva possam votar.

O *atendimento educacional especializado* (AEE) foi criado para dar um suporte aos alunos com deficiência, facilitando seu acesso ao currículo escolar. De acordo com o Decreto n. 7.611/2011, esse atendimento é assim definido:

> *Para fins deste Decreto, os serviços de que trata o* caput *serão denominados atendimento educacional especializado, compreendido como o conjunto de atividades, recursos de acessibilidade e pedagógicos organizados institucional e continuamente (...)* (Art. 2º § 1º)
>
> *O atendimento educacional especializado deve integrar a proposta pedagógica da escola, envolver a participação da família para garantir pleno acesso e*

Língua Brasileira de Sinais – Libras.

participação dos estudantes, atender às necessidades específicas das pessoas público-alvo da educação especial, e ser realizado em articulação com as demais políticas públicas. (Art. 2º § 2º)

A União prestará apoio técnico e financeiro aos sistemas públicos de ensino dos Estados, Municípios e Distrito Federal, e a instituições comunitárias, confessionais ou filantrópicas sem fins lucrativos, com a finalidade de ampliar a oferta do atendimento educacional especializado aos estudantes com deficiência, transtornos globais do desenvolvimento e altas habilidades ou superdotação, matriculados na rede pública de ensino regular. (Art.5º)

Podemos definir, então, que o AEE é um serviço da educação especial que identifica, elabora e organiza recursos pedagógicos e de acessibilidade que eliminem barreiras para a plena participação dos alunos, considerando suas necessidades específicas. Ele deve ser articulado com a proposta da escola regular, embora suas atividades se diferenciem das realizadas em salas de aula de ensino comum (MEC, 2009).

Essas modalidades visam ajudar as pessoas com necessidades especiais a se relacionar com o ambiente em que vivem e a proporcionar autonomia e cidadania. Cada uma delas pode ser aplicada diferentemente de acordo com as especificidades do aluno. Podemos verificar que algumas modalidades apresentam a mesma função ou reproduzem o mesmo tipo de atendimento, mas cada uma delas possui suas definições mais bem estabelecidas quando verificamos a necessidade do aluno.

Não podemos nos esquecer de que a educação especial está em constante adaptação, pois ainda é considerada "nova", comparada à educação conhecida como "regular". Ou seja, muitas modalidades ainda podem ser desenvolvidas ou mesmo as que já existem podem ser adaptadas para atender melhor aos alunos e às suas necessidades. Vale sempre atualizar os estudos e pesquisas para que a educação seja sempre o foco principal e o aluno esteja sempre com as melhores condições para seu desenvolvimento social e cognitivo.

Agora que já vimos as principais modalidades de uma maneira geral, dê uma olhada no glossário para rever os principais termos relacionados a esse assunto e, depois, siga para a próxima unidade, que vai expor sobre as abordagens, métodos e técnicas para a educação especial.

Glossário – Unidade 2

Atendimento domiciliar – Atendimento educacional prestado ao portador de necessidades educativas especiais em sua casa, em função da impossibilidade de frequentar a escola.

Capacete com ponteira – Haste fixada na cabeça usada por pessoas com comprometimento nos membros superiores para facilitar a digitação em computadores e outros equipamentos com teclados.

Centro Integrado de Educação Especial – Organização que dispõe de serviços de avaliação diagnóstica, estimulação essencial, escolarização e preparação para o trabalho com os alunos portadores de necessidades especiais.

Classe hospitalar – Atendimento educacional a crianças e jovens internados que necessitam de educação especial e que estejam em tratamento hospitalar.

Demência – Perda gradativa da memória e de outras aptidões cognitivas (como o pensamento ou o julgamento), o que dificulta a adaptação dos indivíduos a diversas situações sociais.

Escola especializada – Instituição especializada em prestar atendimentos psicopedagógico aos alunos portadores de deficiências e condutas típicas.

Livro consumível – é aquele no qual o aluno pode escrever e não necessita devolvê-lo para que outros alunos o utilizem.

Oficina pedagógica – Sala para desenvolvimento de diversas atividades voltadas para dar autonomia aos alunos com deficiência.

Sala de estimulação especial – Sala multissensorial que tem como objetivo diminuir os níveis de ansiedade e tensão no momento da aprendizagem através da promoção do relaxamento e do lazer.

Sala de recursos – Sala que dispõe de equipamentos e recursos pedagógicos específicos e de professores especializados para atuar junto ao educando com necessidades educacionais especiais.

UNIDADE 3
ABORDAGENS – MÉTODOS E TÉCNICAS

Capítulo 1 Abordagem dos Parâmetros Curriculares Nacionais (PCNs), 40

Capítulo 2 Estilos de aprendizagem, 45

Capítulo 3 Métodos de aprendizagem, 47

Capítulo 4 Técnicas de aprendizagem, 48

Glossário, 52

1. Abordagem dos Parâmetros Curriculares Nacionais (PCNs)

O estudo é iniciado com a "pedagogia libertadora", que tem suas origens nos movimentos de educação popular ocorridos no final dos anos 1950 e início dos anos 1960. Interrompida pelo golpe militar de 1964, teve seu desenvolvimento retomado no final dos anos 1970 e início dos 1980. Nessa proposta, a atividade escolar pauta-se na discussão de temas sociais e políticos e em ações sobre a realidade social imediata. Os problemas e seus fatores determinantes são analisados. Aqui, o professor é um coordenador de atividades, que organiza e trabalha conjuntamente com os alunos.

A "pedagogia crítico-social dos conteúdos", que surge no final dos anos 1970 e início dos 1980, se põe como uma reação de alguns educadores que não aceitam a pouca relevância que a pedagogia libertadora dá ao aprendizado do chamado *ser elaborado*, historicamente acumulado, que constitui parte do acervo cultural da humanidade.

Esta linha pedagógica

> *assegura a função social e política da escola, mediante o trabalho de conhecimentos sistematizados, a fim de colocar as classes populares em condições de efetiva participação nas lutas sociais. Entende-se que não basta ter como conteúdo escolar as questões sociais atuais, mas que é necessário que se tenha domínio de conhecimentos, habilidades e capacidades mais amplas para que os alunos possam interpretar suas experiências de vida e defender seus interesses de classe*[1].
> (PCNs, 1997, p. 42.)

A metodologia utilizada nessas pesquisas foi, muitas vezes, interpretada como uma proposta de pedagogia construtivista para a alfabetização, o que expressa um duplo equívoco: redução do construtivismo a uma teoria psicogenética de aquisição de língua escrita, e transformação de uma investigação acadêmica em métodos de ensino. Com esses equívocos, difundiram-se, sob o rótulo de pedagogia construtivista, as ideias de que não se devem corrigir os erros, e de que as crianças aprendem fazendo "do seu jeito".

A orientação proposta nos PCNs reconhece a importância da *participação construtiva* do aluno. Ao mesmo tempo que admite a intervenção do professor para a aprendizagem de conteúdos específicos, que favoreçam o desenvolvimento das capacidades. Diferente da concepção de ensino como um processo que se de-

---
[1] BRASIL. PCNs, 1997, p.31-32.

senvolve por etapas, no qual, em cada uma delas, o conhecimento é "acabado". O que se propõe é uma visão da complexidade e da provisoriedade do conhecimento. De um lado, porque o objeto de conhecimento é "complexo", de fato, e, reduzi-lo, seria falsificá-lo. De outro, porque o processo cognitivo não acontece por justaposição, e sim por reorganização do conhecimento. É também "provisório", uma vez que não é possível chegar, de imediato, ao conhecimento correto, mas somente por aproximações sucessivas que permitam sua reconstrução. (PCNs, 1997, p. 32-33.)

Ao organizar o ensino, é fundamental que o professor tenha instrumentos para descrever a competência discursiva de seus alunos, (...) sob a pena de ensinar o que os alunos já sabem ou apresentar situações muito aquém de suas possibilidades e, dessa forma, não contribuir para o avanço necessário. (PCNs, 1997, p. 48.)

(...) é preciso avaliar sistematicamente seus efeitos no processo de ensino, verificando se está contribuindo para as aprendizagens que se espera alcançar (...) os conteúdos selecionados podem não corresponder às necessidades dos alunos – ou porque se referem a aspectos que já fazem parte de seu repertório, ou porque pressupõem o domínio de procedimentos ou de outros conteúdos que não tenham, ainda, se constituído para o aprendiz, de modo que a realização das atividades pouco contribuirá para o desenvolvimento das capacidades pretendidas." (PCNs, 1997, p. 65-66.)

Nessas situações, o aluno deve pôr em jogo tudo o que sabe para descobrir o que não sabe. Essa atividade só poderá ocorrer com a intervenção do professor, que deverá colocar-se na situação de principal parceiro, favorecendo a circulação de informações. (PCNs, 1997, p. 70.)

Tipos de abordagem

A seguir, temos alguns tipos importantes de abordagens:

i) Abordagem Tradicional – A missão do professor, segundo Mizukami (1986, p. 17), é "catequética e unificadora da escola", com "programas minuciosos, rígidos e coercitivos. Exames seletivos investidos de caráter sacramental".

Em Bordenave (1984, p. 41): "Assim, se a opção pedagógica valoriza, sobretudo, os conteúdos educativos, isto é, os conhecimentos e valores a serem transmitidos, isto caracterizaria um tipo de educação tradicional em que a 'pedagogia da transmissão' forma alunos passivos, produz cidadãos obedientes e prepara o terreno para o 'ditador paternalista'. A sociedade é marcada pelo individualismo, e não pela solidariedade."

Sua principal característica é ser muito rígida e concentrada no professor, onde os educandos escutam suas explicações. Nas aulas, as carteiras devem estar sempre em perfeita ordem e bem arrumadas (uma carteira atrás da outra). Nessa abordagem, os alunos recebem as informações passadas pelo professor e não podem opinar, são alunos tábula rasa.

Os conhecimentos devem ser acumulados pelos educandos, onde o passado é ponto de referência para ser repetido no futuro. Os alunos deveriam, nas avaliações, devolver os conhecimentos aprendidos automaticamente, como se decorados por eles.

PARA SABER MAIS: filme Ao Mestre, com Carinho (To Sir, with Love, 1967 – Columbia Pictures) conta a história de Mark Thackeray, interpretado por Sidney Poitier, um engenheiro que ficou desempregado e resolveu dar aulas em Londres. Ele começa a ensinar a alunos majoritariamente brancos em uma escola do bairro operário de East End. Thackeray se depara, então, com adolescentes indisciplinados e desordeiros, e que estão determinados a destruir suas aulas. O engenheiro, acostumado com hostilidades, não se amedronta e enfrenta o desafio de ensinar uma turma de baderneiros. Ao receber um convite para voltar a atuar como engenheiro, ele tem de decidir se pretende seguir como mestre ou voltar ao antigo cargo. Logo no início do filme, são exploradas as típicas salas de aula adotadas no passado.

ii) Abordagem Comportamentalista – Sobre esta abordagem, temos em Bordenave (1984, p. 41):

> *Se o fator é o efeito do resultado obtido pela educação – quer dizer, as mudanças de conduta conseguidas no indivíduo, isto definiria o tipo de educação comumente denominada Pedagogia da Moldagem do Comportamento ou Pedagogia Condutista.*

Sua característica é fazer experiências para chegar ao conhecimento, o chamado Empirismo. O conteúdo apresentado pelo professor tem, como produto final, a condução do aluno à competência. O seu principal precursor é Skinner (1904-1990), para quem os alunos devem ser elogiados de acordo com seus acertos.

Os estudos de Skinner foram voltados para a psicologia experimental. Iniciou o Behaviorismo Radical, abordagem que busca entender o comportamento com as interrelações entre a filogenética, o ambiente (cultura) e a história de vida da pessoa.

Sala tradicional.

iii) Abordagem Humanista – Bordenave (1984, pp. 3; 42) diz, sobre a Abordagem Humanista, que

> *(...) o docente facilita a identificação de problemas pelo grupo, sua análise e teorização, bem como a busca de soluções alternativas. Eles incentivam a aprendizagem (...) a solidariedade com o grupo no qual trabalha (...) sua percepção do professor não é autoritária, pois o papel do educador não é de autoridade superior, e sim de facilitador de uma aprendizagem em que ele também é aprendiz".*

Sua característica é o estudo centrado no educando, respeitando suas ideias e propondo desafios. Os próprios alunos deverão observar, experimentar, argumentar e chegar até a solução dos desafios propostos pelo professor.

Diferentes abordagens para o ensino.

iv) Abordagem Cognitivista – Sua característica principal é que o educando vai formando estruturas de conhecimento do mundo que o cerca, e seu desenvolvimento acontece através da maturidade do corpo, o que o ajuda a interferir mais no meio ambiente em que vive. Seu principal precursor foi Jean Willian Fritz Piaget (1896-1980), que realizou estudos com crianças para apresentar duas fases: a Exógena e a Endógena.

Já falou-se, anteriormente, sobre Jean Piaget, um dos principais pensadores do século XX. Porém, é preciso lembrar que ele defendia uma abordagem interdisciplinar para a investigação epistemológica. Fundou a Epistemologia Genética, teoria do conhecimento com base no estudo da gênese psicológica do pensamento humano. Começou a trabalhar no Instituto Jean Jacques Rousseau, em Paris, e publicou os primeiros artigos sobre a criança. Com o nascimento dos seus filhos (1925-1931), ampliou o convívio diário com "crianças pequenas" e registrou suas observações, o que fez que demonstrasse novas hipóteses da cognição humana.

Após experiências com testes de raciocínio nos EUA, delimitou um campo de estudo empíricos – o pensamento infantil e o raciocínio lógico. Impulsionou a Teoria Cognitiva, onde coloca a existência de quatro estágios de desenvolvimento cognitivo no ser humano: 1) sensório-motor ; 2) pré-operacional; 3) operatório concreto; e 4) operatório formal.

v) Abordagem Sociocultural – Também em Bordenave (1984, pp 4; 41):

> [...] a situação preferida é quando o aluno enfrenta, em grupo, problemas concretos de sua própria realidade. A aprendizagem realimenta-se constantemente pelo confronto direto do grupo de alunos com a realidade objetiva ou com a realidade mediatizada... O aluno desenvolve sua consciência crítica e seu sentido de responsabilidade democrática baseado na participação.

Sua característica principal é de que haja diálogo e troca de conhecimentos entre os integrantes da aprendizagem. Para ele, todos aprendem e ensinam.

Seu principal precursor é Paulo Freire, que nasceu em 1921, no Recife, e formou-se em direito, não tendo, outrossim, atuado na área. Preferiu o magistério. Suas ideias surgiram da observação dos alunos (cultura e linguagem). No ano de 1963, foi chefe de um programa que conseguiu alfabetizar várias pessoas em pouco tempo. Quando estava exilado no Chile, escreveu *Pedagogia do Oprimido*, seu livro de maior sucesso.

> CURIOSIDADE: em 13 de abril de 2012, foi sancionada a Lei n. 12.612, que declara o educador Paulo Freire patrono da Educação Brasileira.

Outra característica é a construção do conhecimento por parte do aluno, sendo o professor agente mediador dessa aprendizagem. A abordagem parte dos conhecimentos prévios dos alunos. Depois, são propostas atividades de acordo com os níveis dos aprendizes, ou seja, partindo daquilo que eles podem fazer sozinhos. O professor vai apresentando intervenções nas atividades propostas aos alunos para que avancem nos seus conhecimentos, com isso, respeita-se o ritmo de aprendizagem.

Então, no ensino tradicional temos: exercícios de repetição, ensino individualizado, demonstrações para imitação, e memorização.

No cognitivista: ensino pela descoberta, apresentação dos objetivos, questões orientadas, esquemas, debates e estudo de casos.

No humanista: ensino individualizado, discussões, debates, painéis, simulações, jogos de papéis e resolução de problemas.

E, no social, temos: diálogos, debates, discussões e troca de saberes.

2. Estilos de aprendizagem

Estilos de aprendizagem são os métodos para adquirir conhecimentos. São as diferentes formas de ensinar e aprender algo. Existem vários tipos desses estilos, dentre eles, os mais conhecidos são:

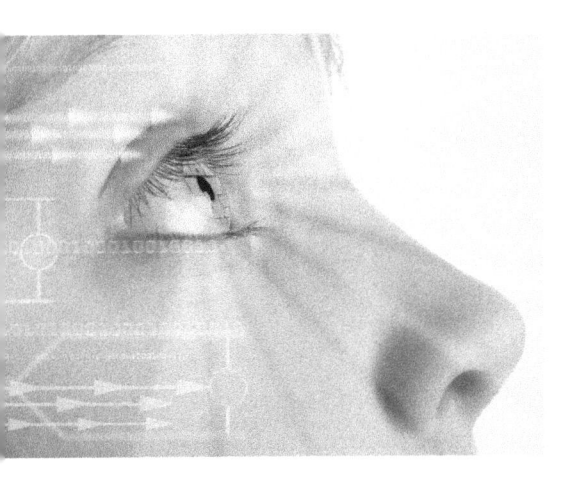

i) Visual – Aqui, o aluno usa basicamente a visão (ou campo visual) para reter informações e aprender. A maioria das pessoas usam esse método para se localizar.

Por exemplo, o diálogo: "não sei o endereço, mas sei que é perto de um posto de gasolina, uma padaria, um mercado...". As crianças, na sua maioria, são visuais, pois marcam onde estão, ou aonde vão, através de referências visuais que podem auxiliá-las a se encontrarem quando necessitam voltar a esse ponto.

ii) Auditivo – Aqui, a audição ou campo auditivo é o mais utilizado para reter informações e aprender. Várias pessoas aprendem a cantar muito facilmente, gravam rapidamente letras de canções, até mesmo aquelas que apresentam palavras desconhecidas.

Aprendizagem auditiva.

iii) Sinestésico – Essa pessoa usa, basicamente, a exploração dos sentidos para a retenção de informações e aprendizados. Isso acontece muito com as crianças, pois sempre precisam tocar e sentir o mundo que as rodeia. Faz com que elas evoluam e desenvolvam suas aprendizagens.

Usar o corpo para dançar e praticar atividades físicas.

Os alunos pequenos são sensoriais, ou seja, precisam tocar e sentir. Essas pessoas sabem usar o corpo para dançar e praticar atividades físicas, mesmo em atividades com o corpo mais complexas.

3. Métodos de aprendizagem

A seguir, alguns métodos de aprendizagem:

i) Método fônico ou fonético – É quando utilizamos os sons das letras: som das consoantes com as vogais. Por exemplo: B + A = BA

ii) Método silábico – É aquele onde se aprende as sílabas e depois as palavras (BA-BE-BI-BO-BU). A maioria das cartilhas usava esse método por concluírem que as crianças necessitavam saber todas as famílias silábicas do alfabeto antes de formarem as palavras.

iii) Método analítico – Parte de um todo para o específico. Exemplo que parte da frase para a sílaba: "O menino tomou um choque elétrico". Retira-se a palavra menino da frase, depois, com ela, formam-se as sílabas "me-ni-no" (que poderá ser escrita com as sílabas juntas ou separadas, dependendo do objetivo do professor).

iv) Método de soletração – É aquele em que se inicia com as letras do alfabeto, em seguida, formam-se as sílabas.

v) Método da linguagem total – Aqui se aprende já lendo frases e textos.

vi) Método construtivista – Tem como característica a construção do conhecimento pelo aluno, sendo o professor agente mediador dessa educação. Parte-se do conhecimento prévio do aluno, ou seja, do que eles podem fazer sozinhos, e, depois, propõe-se atividades de acordo com seus níveis. O professor vai apresentando intervenções nas atividades propostas aos alunos para que avancem nos seus conhecimentos. Com isso, respeita-se o ritmo de aprendizagem dos educandos. Esse é o método proposto pelos PCNs.

4. Técnicas de aprendizagem

Cada pessoa estuda e aprende de uma forma singular. Isso porque somos diferentes uns dos outros, além disso, vivemos em ambientes e temos interesses distintos. Alguns gostam mais da área de leitura e escrita, outros, da matemática, e assim por diante.

Para ajudar as pessoas a desenvolverem seus estudos da melhor forma, existem técnicas usadas mundialmente. Veja algumas delas:

A técnica de sublinhar, por exemplo, consiste em ler o que se precisa e marcar no próprio texto palavras-chave ou frases que, quando lidas novamente (ou lembradas), remetem ao assunto do texto ou, até mesmo, ao texto todo.

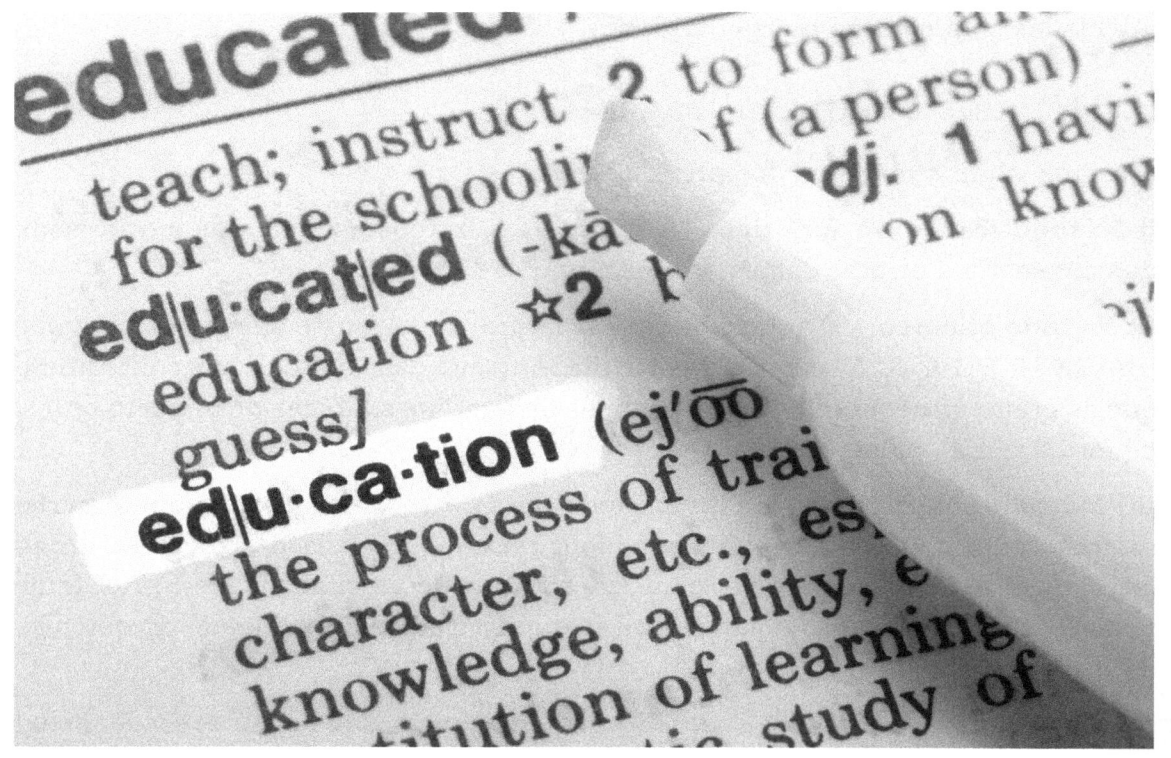

Técnica de sublinhar.

Outra técnica é a de anotações, onde as pessoas estudam ou leem o texto, ou um trecho dele, e vão anotando o que é importante. Como vão anotar em um outro lugar, o cérebro acaba por ver o que foi estudado duas vezes e, ao escrever, cada pessoa coloca seu modo próprio de entender.

Os **mapas mentais** também são utilizados. A pessoa, a partir do texto lido, faz um resumo com palavras importantes, conectando-as a palavras de outras partes do texto, até ter um esquema global, usando somente palavras-chave.

A técnica dos *flashcards* faz que a pessoa que a utiliza faça fichas de estudo com pequenas frases, onde as datas, os números e os nomes fiquem em negrito para que, quando for necessário, a pessoa, somente através dessas informações, acesse no seu cérebro o restante que é importante.

Já a **técnica dos exercícios de casos práticos** leva a pessoa, através do texto, a lembrar de outras situações parecidas com o que foi lido. Muitas vezes isso está relacionado com situações reais de que as pessoas já têm conhecimento, ou de que outro já tenha conhecimento. Muitos textos apresentam casos reais e, para resolvê-los, é necessário utilizar as informações contidas nele.

A técnica dos testes e simulados é amplamente usada com os universitários, pois eles estudam determinada disciplina e fazem os simulados dos vestibulares dos anos anteriores para medirem o quanto sabem ou ainda precisam saber.

Leitura para desenvolver o aprendizado.

Muitas vezes, esses simulados ajudam a tirar o nervosismo de uma verdadeira prova, uma vez que são feitos de provas reais aplicadas anteriormente. Não raro, as perguntas e questões exploradas nestes simulados se repetem em exames futuros.

Na técnica chamada **Brainstorming**, é formado um grupo de pessoas que se reúnem para estudar temas iguais. O estudo é conduzido através de debates sobre os temas selecionados, onde cada componente coloca sua opinião e ouve a dos outros integrantes. Várias pessoas no mundo todo praticam essa técnica desde os anos fundamentais de estudo. Esse recurso é frequentemente usado no MBA ou Mestrado.

A **memorização** foi uma técnica muito utilizada na escola tradicional, uma vez que decorar era uma forma de aprender. Desta forma, memorizava-se tabuada, números, letras, famílias silábicas para poder desenvolver os estudos iniciais. Atualmente, as pessoas usam essa técnica para fórmulas, mas há quem ainda a use para os textos e informações que achem necessárias na sua vida diária.

A técnica de organização de estudos necessita da uma organização de horário de estudo diário, ou seja, todos os dias, procura-se reservar um horário na agenda para sentar e estudar uma matéria ou disciplina por vez. Isso faz com que a pessoa organize o cérebro para isso. Essa constante atividade faz com que as pessoas que a utilizam mantenham uma forma eficaz de organização de suas atividades diárias.

Outra técnica conhecida é o desenho. Muito usada pelos alunos pequenos – especialmente aqueles que ainda não escrevem com fluência e preferem se comunicar com gravuras em formato de histórias. Essa forma de comunicação já era utilizada desde os homens das cavernas que desenhavam em suas paredes para contar um fato acontecido ou deixar registrado o que acontecia.

PARA SABER MAIS: Vários filmes e desenhos demonstram o uso da comunicação através de desenhos. O mais recente é o chamado Os Croods *(Fox Filmes, 2013).*

Técnica do desenho.

Atualmente, com as novas tecnologias, temos outras técnicas que procuram atualizar os alunos nos estudos, como:

i) Técnica da aula invertida: ensinar os alunos a estudar e preparar a aula com seus computadores, antes da explicação. O intuito é torná-la mais dinâmica e interativa, de acordo com os estudos de cada aluno.

ii) Autoaprendizagem: com a curiosidade dos alunos, é possível que muitos, utilizando a internet, aprendam sozinhos, mas é adequada uma supervisão adulta nesta técnica.

Cada abordagem, método e técnica para o processo do ensino-aprendizagem deve estar alinhada ao objetivo geral e às necessidades específicas dos alunos que estão inseridos no contexto do processo. Cada uma delas pode favorecer em algum momento do processo e ajudar a desenvolver a parte cognitiva de forma eficaz.

Glossário – Unidade 3

Estilo auditivo – Que utiliza a audição no processo de aprendizagem.

Estilos de aprendizagem – Maneiras de aprender e ensinar algo.

Estilo sinestésico – Modo de aprendizado que utiliza a associação espontânea.

Estilo visual – Que utiliza a visão no processo de aprendizagem.

Método fonético – Método de ensino da leitura através do uso dos sons das letras, relacionando as consoantes com as vogais.

Método silábico – Método de ensino da leitura através do conhecimento das sílabas.

Técnica da aula invertida – Processo em que o aluno é quem prepara e planeja as aulas.

Técnica da autoaprendizagem – Aprendizado que se dá sozinho através de pesquisas e leituras autoimpostas.

Técnica de Brainstorming – Formação de grupo de discussão sobre um tema específico.

Técnica dos exercícios de casos práticos – Associação das situações apresentadas no texto com situações reais, pessoais ou não.

Técnica de mapeamento mental – Esquema montado com palavras-chave do texto estudado.

Técnica de memorização – Repetição contínua de uma informação até que ela seja memorizada.

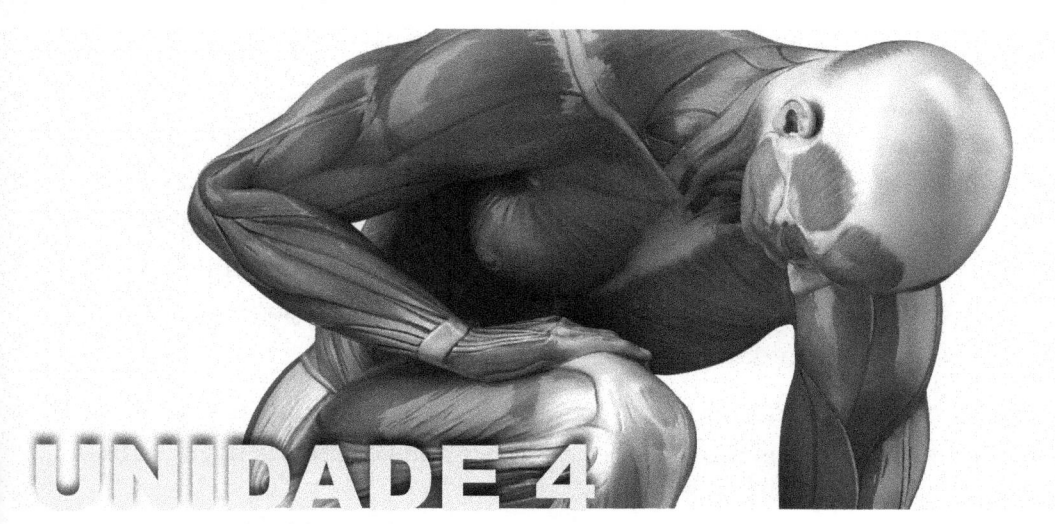

UNIDADE 4
A DEFICIÊNCIA E AS ABORDAGENS

Capítulo 1 Deficiência visual, 54

Capítulo 2 Deficiência auditiva, 57

Capítulo 3 Deficiência mental, 59

Capítulo 4 Deficiência intelectual, 66

Capítulo 5 Definição brasileira, 70

Capítulo 6 Condutas típicas, 71

Capítulo 7 As Estratégias de intervenção, 72

Capítulo 8 TDA/H, 74

Capítulo 9 Deficiência física, 75

Conclusão, 77

Glossário, 78

Referências, 79

No Brasil, segundo o IBGE, existem 24,5 milhões de pessoas (14,5% da população) com alguma deficiência. Destas 48% são deficientes visuais; 23% apresentam deficiência motora; 17% são deficientes auditivos; 8% possuem deficiência intelectual; e 4% dispõem de deficiência física. Desse total, 4,3 milhões (2,5% da população) possuem limitações severas. A maioria delas poderia estudar e trabalhar se tivesse oportunidade[1].

Para que haja a compreensão do tipo de abordagem ou técnica mais indicada para aprimorar os estudos dos alunos com necessidades especiais segue, abaixo, uma demonstração por tipo de deficiência.

1. Deficiência visual

A deficiência visual é a perda total ou parcial, congênita ou adquirida da visão.

O nível de acuidade visual pode ser dividido em duas categorias:

i) Cegueira – quando há perda total da visão ou pouquíssima capacidade de enxergar, o que leva a pessoa a necessitar do Sistema Braille como meio de leitura e escrita;

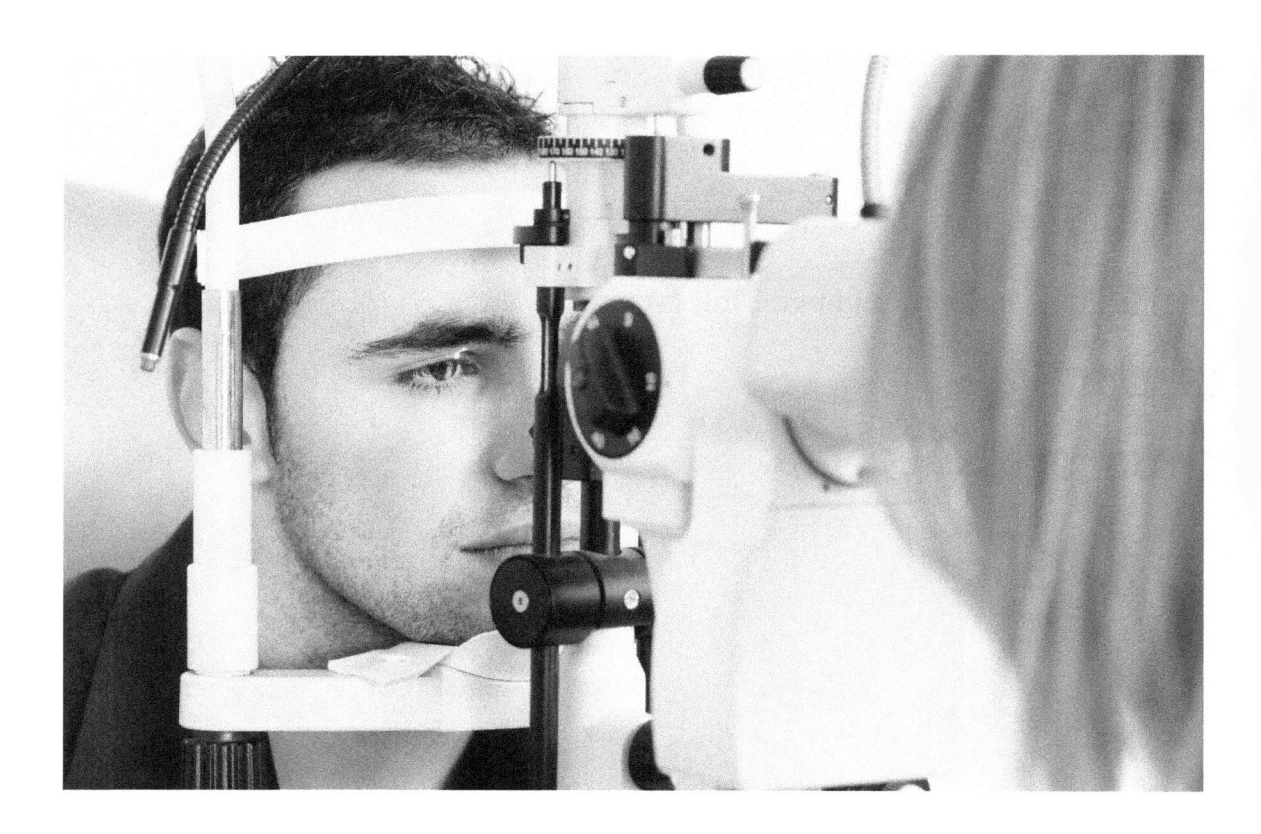

---

[1] Dados do Ministério da Saúde e Conselho Nacional dos Direitos das Pessoas Portadoras de Deficiência (Conade), 2014.

ii) **Baixa visão ou visão subnormal** – caracteriza-se pelo comprometimento do funcionamento visual. Pessoas que apresentam 30%, ou menos, de visão no melhor olho, mesmo após tratamento ou correção com óculos comuns. As pessoas com baixa visão podem ler textos impressos ou ampliados, ou utilizar recursos óticos especiais.

Segundo a Organização Mundial de Saúde (OMS), as principais causas da cegueira no Brasil são: catarata, glaucoma, retinopatia diabética, cegueira infantil e degeneração macular.

CURIOSIDADE: as pessoas míopes possuem um tipo de deficiência visual, mas não são consideradas pessoas com necessidades educacionais especiais ou de inclusão social.

Daltonismo

O daltonismo, que também é chamado de discromatopsia, é uma perturbação da percepção visual caracterizada pela incapacidade de diferenciar todas ou algumas cores, manifestando-se, muitas vezes, pela dificuldade em distinguir o verde do vermelho. Pode ser, normalmente, de origem genética, mas também pode ser de ordem neurológica ou resultar de lesão nos órgãos responsáveis pela visão.

O distúrbio recebeu esse nome em homenagem ao químico inglês John Dalton (1766-1844), o primeiro a estudar as características do daltonismo.

Retrato de John Dalton (1766-1844), estudioso do fenômeno que recebeu o nome de daltonismo, em sua homenagem.

A legislação para os deficientes visuais

A Lei nº 7.853/89 e o Decreto nº 3.298/99 balizam a política nacional para integração da pessoa com deficiência, criando, assim, as principais normas de acessibilidade para deficientes.

Lei de Acessibilidade

É o Decreto-Lei n. 5.296, de 2 de dezembro de 2004. Esse documento estipula os prazos e regulamenta o atendimento às necessidades específicas de pessoas com deficiência no que concerne a projetos de natureza arquitetônica e urbanística, de comunicação e informação, de transporte coletivo, bem como a execução de qualquer tipo de obra com destinação pública ou coletiva, inclusive a escola.

Para o Atendimento Educacional Especializado (AEE – Deficiência Visual): "A cegueira é uma alteração grave ou total de uma ou mais funções elementares da visão (...). Pode ocorrer desde o nascimento (cegueira congênita), ou posteriormente (cegueira adventícia, usualmente conhecida como adquirida), em decorrência de causas orgânicas ou acidentais. (...) Ou, então, ser surdo cegueira (por perda da audição).".

Se houver falta de visão em apenas um olho (monocular), o outro assumirá as funções dos dois olhos. A baixa visão, ambliopia, visão subnormal ou visão residual dependem da variedade e da intensidade de comprometimentos das funções visuais.

A aprendizagem visual depende não apenas do olho, mas, também, da capacidade do cérebro de realizar as suas funções de capturar, codificar, selecionar e organizar imagens fotografadas pelos olhos.

Avaliação funcional da visão

A Avaliação Funcional da Visão (AFV) tem por finalidade observar qual o resíduo visual e como ele está sendo utilizado em sua funcionalidade.

Tipos de avaliação

a) Acuidade: avalia a capacidade de discriminar dois pontos próximos como elementos separados. Visa identificar a nitidez da visão.

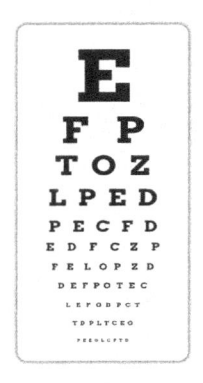

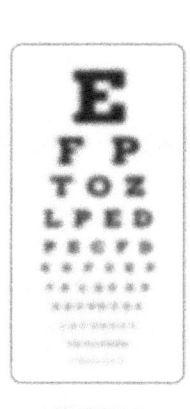

b) Campo visual: avalia a amplitude e a abrangência do ângulo da visão em que os objetos são focalizados.

O professor e a abordagem em sala de aula

Para alunos com deficiências visuais, os professores podem utilizar alguns recursos, ou tomar providências para que o processo de ensino aprendizagem seja mais eficaz:

	Tabela 1: lista de opções para abordagens
1.	Sentar o aluno na frente e na parte central da sala
2.	Evitar a incidência de claridade diretamente nos olhos da criança/adulto
3.	Estimular o uso constante dos óculos, se for a orientação médica
4.	Adaptar a letra do trabalho de acordo com a condição visual do aluno
5.	Conceder maior tempo para terminar as atividades propostas
6.	Ter certeza de que o aluno enxerga as palavras ou desenhos
7.	Sentar o aluno em um lugar com pouca iluminação se ele tem fotofobia (dificuldade de ver com claridade)
8.	Evitar iluminação excessiva na sala
9.	Observar a quantidade e nitidez do material utilizado pelo aluno
10.	Observar se o aluno espaça adequadamente as letras, as palavras, as linhas.
11.	Utilizar papel fosco para não refletir a claridade
12.	Explicar oralmente as tarefas a serem feitas

2. Deficiência auditiva

Para citarmos a deficiência auditiva, é preciso conhecer algumas informações básicas sobre audição.

A deficiência auditiva é considerada, geneticamente, como a diferença entre a performance do indivíduo e a habilidade normal para a detecção sonora de acordo com os padrões estabelecidos pelo American National Standards Institute (ANSI – 1989).

Deficiências auditivas

Definições

Hipoacusia: refere-se a uma redução na sensitividade da audição, sem qualquer alteração de sua qualidade. O aumento da intensidade da fonte sonora possibilita uma audição bastante adequada.

Disacusia: refere-se a um distúrbio na audição, expresso

Deficiência auditiva.

em qualidade e não em intensidade sonora. O aumento do volume da fonte sonora não garante o perfeito entendimento do significado das palavras.

Identificação e Diagnóstico

O diagnóstico das deficiências de audição é realizado a partir da avaliação médica e audiológica.

Em geral, a primeira suspeita quanto à existência de uma alteração auditiva em crianças muito pequenas é feita pela própria família a partir da observação da ausência de reações a sons, comportamentos diferentes do usual (criança que é muito quieta, dorme muito e em qualquer ambiente, não se assusta com sons intensos) e, um pouco mais velha, não desenvolve a linguagem.

No caso de adultos, em geral, a queixa de alteração auditiva é do próprio indivíduo.

Paralelo a isso, temos a **gagueira** ou **disfemia**.

> *PARA SABER MAIS: filme O Discurso do Rei (The King's Speech) é um filme britânico, de 2010, escrito por David Seidler, dirigido por Tom Hooper e estrelado por Colin Firth, Geoffrey Rush e Helena Bonham Carter. Ele conta a história do rei Jorge VI, que contrata Lionel Logue, um fonoaudiólogo, para lhe ajudar a superar a gagueira. Os dois homens tornam-se amigos enquanto trabalham juntos e, depois que seu irmão abdica, o rei confia em Logue para ajudá-lo a fazer um importante discurso no rádio no começo da Segunda Guerra Mundial.*

A gagueira é uma interrupção na fluência verbal, caracterizada por repetições ou prolongamentos audíveis ou não, de sons e sílabas. Essas vacilações na fala não são prontamente controláveis e podem ser acompanhadas por outros movimentos e por emoções de natureza negativa tais como medo, embaraço ou irritação. Ocorre em todas as culturas e grupos étnicos, embora as taxas de prevalência possam diferir.

Atendimento Educacional Especializado (AEE) – Deficiente auditivo

"Ao optar-se em oferecer uma educação bilíngue, a escola está assumindo uma política linguística em que duas línguas passarão a coexistir no espaço escolar. Além disso, também será definido qual será a primeira língua, e qual será a segunda, bem como as funções que cada língua irá representar no ambiente escolar. Pedagogicamente, a escola vai pensar em como estas linguagens estarão acessíveis às crianças, além de desenvolver as demais atividades escolares. As línguas podem estar permeando as atividades escolares ou serem objetos de estudo em horários específicos, dependendo da proposta da escola. Isso vai depender de 'como', 'onde' e 'de que forma' as crianças as utilizam na escola."[2]

O AEE com o uso de Libras ensina e enriquece os conteúdos dos alunos com surdez na turma comum. A língua bilíngue é importante por respeitar a estrutura de Libras e da Língua Portuguesa.

O professor que ministra essas aulas em Libras deve ser qualificado. O educador com surdez para o ensino de Libras oferece aos alunos com deficiência auditiva melhores condições que o professor ouvinte, justamente por estar mais habituado com a linguagem diariamente.

A qualidade dos recursos visuais é primordial para facilitar a compreensão do conteúdo curricular em Libras.

O AEE em Libras oferece ao aluno segurança e motivação para aprender.

A sala de recursos para o AEE em Língua Portuguesa deverá ser muito variada para atender a esses alunos. A Tabela 2 mostra como:

Tabela 2
Riqueza de materiais e recursos visuais
Amplo acervo de textos em Língua Portuguesa para oferecer ao aluno pluralidade de discursos
Criatividade na elaboração de exercícios
O professor deverá criar um dicionário ilustrado/glossário para melhor entendimento dos alunos

3. Deficiência mental

A Convenção da Guatemala, internalizada à Constituição Brasileira pelo Decreto n° 3.956/2001, no seu art. 1°, define deficiência como [...] "uma restrição física, mental ou sensorial de natureza permanente ou transitória, que limita a capacidade de exercer uma ou mais atividades essenciais da vida diária, causada ou agravada pelo ambiente econômico e social".

As salas de AEE ou SAT (salas-ambiente temáticas) possuem os seguintes objetivos:

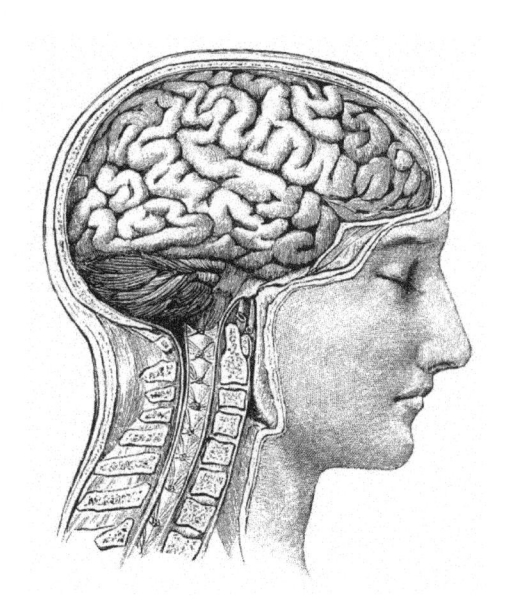

---

[2] (MEC/SEESP, 2006)

a) **Ouvir o outro** – diz respeito à capacidade de compreender o que os colegas e o professor transmitem oralmente;

b) **Falar** – o aluno utiliza seus recursos de comunicação oral para exprimir sua compreensão, interesse, desejos, ideias e estabelecer trocas com os outros (sejam colegas ou professores);

c) **Ler** – o aluno interpreta textos de todos os gêneros, de acordo com sua visão de mundo;

d) **Escrever** – o aluno descobre as funções e o uso da língua escrita nos atos de registrar, informar, comunicar, instruir e divertir;

e) **Favorecer a livre expressão** – ler, escrever, falar, comunicar, de forma que o aluno se expresse mediante a produção oral e escrita (mesmo quando o professor atua como redator);

f) **Compartilhar práticas** - explorar a construção coletiva e cooperativa na leitura e escrita.

As SAT's de artes têm como objetivos:

a) Permitir e incentivar a livre expressão e a troca com o outro por meio da criação artística;

b) Possibilitar a criação artística em todas as suas dimensões;

c) Produzir trabalhos de arte, por meio da linguagem do desenho, da pintura, da modelagem, da colagem, da escultura e outras;

d) Possibilitar a pesquisa e utilização de diversos materiais gráficos e plásticos sobre diferentes superfícies, para ampliar as possibilidades de expressão e comunicação;

e) Estimular a apreciação das produções próprias e dos outros colegas e artistas, por meio da observação e da leitura de obras de arte em exposições, catálogos, livros; e

f) Ampliar o conhecimento da história da arte e seus personagens, elementos da cultura regional brasileira e suas produções artísticas.

A APAE de São Paulo, na sua página inicial na internet, coloca que a Deficiência Intelectual, segundo a Associação Americana sobre Deficiência Intelectual do Desenvolvimento (AAIDD), caracteriza-se por um funcionamento intelectual inferior à média (QI), associado à limitações adaptativas em pelo menos duas áreas de habilidades (comunicação, autocuidado, vida no lar, adaptação social, saúde e segurança, uso de recursos da comunidade, determinação, funções acadêmicas, lazer e trabalho), que ocorre antes dos 18 anos de idade.

No cotidiano, significa que a pessoa com deficiência intelectual tem dificuldade para aprender, entender e realizar atividades comuns se comparado às outras pessoas. Muitas vezes, elas se comportam como se tivessem menos idade do que aparentam.

Já para a AAMD (Associação Americana de Deficiência Mental), a definição é: "Ela manifesta-se antes dos 18 anos e caracteriza-se por registrar um funcionamento intelectual geral significativamente abaixo da média, com limitações associadas a duas ou mais áreas de conduta adaptativa, ou à capacidade do indivíduo em responder adequadamente às demandas da sociedade."

Essa deficiência pode ser de nível:

I) leve: as pessoas com esse nível de deficiência podem desenvolver habilidades escolares e profissionais, muito embora necessitem, algumas vezes, de ajuda e orientação em situações sociais diferentes daquelas a que estão acostumadas;

II) moderado: possuem capacidade insuficiente de desenvolvimento social, mas poderão manterem-se economicamente através de programas supervisionados de trabalho;

III) severo: apresentam pouco desenvolvimento motor e mínimo desenvolvimento da linguagem. Poderão contribuir apenas parcialmente para sua subsistência em ambientes controlados;

IV) profundo: têm um retardo intenso e a capacidade sensorial motora mínima. Mesmo com suas dificuldades, há possibilidade de adquirirem hábitos de cuidados pessoais, através de programas de condicionamento operante.

Os tipos de deficiência também apresentam os níveis de adaptações:

a) **Deficientes Mentais Educáveis** – Definição pedagógica para uma parcela da população, como alunos considerados capazes de aprender conteúdos escolares equivalentes aos dos primeiros anos escolares e de ter uma certa autonomia, podendo, inclusive, exercer alguma forma de trabalho integrado;

b) **Deficientes Mentais Treináveis** - Parcela da população considerada incapaz de aprender qualquer conteúdo da escola formal. Para esses alunos, projeta-se um trabalho de socialização e aprendizagens de condutas básicas para o convívio social;

c) **Deficientes Mentais Dependentes** - Pessoas com doenças de origens neurológicas se tornam incapazes de qualquer convívio social, já que dependem da ajuda para atividades básicas como alimentar-se e vestir-se sozinho.

Principais Tipos de Deficiência Intelectual

I) Síndrome de Down – Alteração genética que ocorre na formação do bebê, logo no início da gravidez. O grau de deficiência intelectual provocado pela síndrome é variável e o coeficiente de inteligência (QI) pode chegar a valores inferiores a 40. A linguagem fica mais comprometida, porém, a visão é relativamente preservada. As interações sociais podem se desenvolver bem, no entanto, podem aparecer distúrbios como hiperatividade e depressão. Embora reconhecida desde 1866, por John Langdon Down, a referida síndrome teve a sua causa esclarecida apenas em 1959, quando o cientista Frances Gerome Lejeune e colaboradores verificaram a sua associação com a presença do cromossoma 21 adicional. Dados recentes do Projeto Genoma Humano mostram que o cromossoma 21 é o menor dos autossomos, com cerca de 225 genes, o que pode explicar os efeitos dessa síndrome;

II) Síndrome do X frágil – Alteração genética que provoca atraso mental. A criança apresenta face alongada, orelhas grandes ou salientes, além de comprometimento ocular e comportamento social atípico, principalmente timidez;

III) Síndrome de Prader-Willi – O quadro clínico varia de paciente para paciente, conforme a idade. No período neonatal, a criança apresenta severa hipotonia muscular, baixo peso e pequena estatura. Em geral, a pessoa apresenta problemas de aprendizagem e dificuldade para pensamentos e conceitos abstratos;

IV) Síndrome de Angelman – Distúrbio neurológico que causa deficiência intelectual, comprometimento ou ausência de fala, epilepsia, atraso motor, andar desequilibrado, com as pernas afastadas e esticadas, sono entrecortado e difícil, alterações no comportamento;

V) Síndrome de Williams – Alteração genética que causa deficiência intelectual de leve à moderada. A pessoa apresenta comprometimento maior da capacidade visual e espacial em contraste com um bom desenvolvimento da linguagem oral e na música.

VI) Síndrome de Tourette – É um distúrbio neurológico ou neuroquímico que se caracteriza por tiques – movimentos abruptos rápidos e involuntários, ou por vocalizações que ocorrem repetidamente com o mesmo padrão. Seus sintomas incluem: tiques motores múltiplos e pelo menos um tique vocálico presentes por algum tempo durante a doença, porém não necessariamente de forma simultânea.

Há duas categorias de tiques: motores (piscar os olhos, repuxar a cabeça, encolher os ombros, fazer caretas); vocais (pigarrear, limpar a garganta, grunhir, fazer estalidos com a língua, fungar); complexo-motor (pular, tocar pessoas ou coisas, cheirar, retorcer-se, atos de auto-agressão); e vocais (pronunciar palavras ou frases comuns, porém fora do contexto, ecolalia – repetição de um som, palavra ou frase).

Alguns portadores de ST podem ter problemas adicionais de obsessões (representações, ideias ou pensamentos repetitivos, indesejados ou incômodos) e compulsões (comportamentos repetitivos, frequentemente ritualizados, em que o indivíduo necessita que algo seja executado de uma forma específica).

Transtornos de Déficit de Atenção – com ou sem Hiperatividade

Caracteriza pela dificuldade de se concentrar, não conseguir completar as tarefas iniciadas, dar a impressão de que não escuta o que lhe é dito, distrair-se facilmente, agir de forma intempestiva, frustar-se ou desistir facilmente, pular constantemente de uma tarefa para outra, necessitar de muita supervisão para terminar uma tarefa e uma inquietação generalizada.

Outros tipos de transtornos, síndromes e o autismo

I) Síndrome de Asperger – Há comprometimento na interação social, comunicação e comportamento. Aproxima-se mais clinicamente do autismo infantil, sendo considerado, por muitos, o mesmo perfil psicopatológico.

Há tendências de isolamento, dificuldades de fazer amigos e perceber os sentimentos dos outros, resistência ao sair de casa e dificuldade em conhecer e utilizar as regras básicas de comportamento social.

Tendência de isolamento pode ser característica da Síndrome de Asperger.

II) Transtornos Específicos de Aprendizagem – Pode ser dislexia, dificuldades para a escrita ou a leitura ou problemas na integração viso-motora.

III) Distúrbios do Sono – Podem ocorrer como sonambulismo, dificuldade de conciliar o sono ou despertares frequentes, dificuldade de controlar os impulsos, o que pode acarretar em comportamentos impróprios, explosivos ou excessivamente agressivos.

IV) Autismo – É uma inadequação no desenvolvimento, que se manifesta de maneira grave pela vida toda. Aparece tipicamente nos três primeiros anos de vida. É encontrado em todo o mundo e em famílias de diferentes configurações étnicas ou sociais. Suas características são: distúrbios no ritmo de aparecimentos de habilidades físicas, sociais e linguísticas. Não reagem normalmente às sensações. Funções ou áreas mais afetadas: visão, audição, tato, dor, equilíbrio, olfato, gustação e maneira de manter o corpo. Apresentam fala e linguagem ausentes ou atrasadas, com ritmo imaturo da oralidade e restrita compreensão de ideias. Não se relacionam normalmente com objetos, eventos e pessoas.

Atualmente, usamos TEA – Transtorno do Espectro Autista, que engloba diferentes síndromes, marcadas por perturbações do desenvolvimento neurológico com três características fundamentais: dificuldade de comunicação por deficiência ou de domínio da linguagem e no uso da imaginação para lidar com jogos simbólicos; dificuldade de socialização; e padrão de comportamento restritivo e repetitivo. Dentro do quadro clínico, pode ser classificado em autismo clássico, como já visto, o autismo de alto desempenho, antes chamado de síndrome de Asperger, e em transtornos incisivos de desenvolvimento.

Ainda não se conhece a cura definitiva para o TEA. Não existe um padrão de tratamento que possa ser aplicado em todos os portadores do distúrbio. Cada caso exige um tipo de acompanhamento específico e individualizado, que exige a participação dos pais, familiares, e uma equipe profissional multidisciplinar, visando a reabilitação global do indivíduo. O uso de medicamentos só deverá ser autorizado com acompanhamento médico.

Essas pessoas têm problemas no estabelecimento das relações com os outros, pois o que não funciona são as leis que deveriam governar as relações do seu *Eu* com os outros. Não obedecem as leis e imaginam que os outros também não o façam.

Embora disponha, em muitos casos, de grande inteligência, a criança autista só aprenderá quando quiser, e não quando outras pessoas lhe pedirem para aprender.

No caso das crianças com TEA, a construção das relações com os outros e o laço social não se fazem convenientemente. Para essas crianças, os contatos se estabelecem de modo peculiar. Os outros, para ela, são objetos semelhantes a um copo com água ou a um prato de comida. Outras incluirão estereotipias, "manias" e repetições compulsivas de movimentos, o que, muitas vezes, impedem novas aprendizagens.

O questionamento que se faz é como ensinar a quem não tem curiosidade.

As crianças vão à escola para aprender por três razões:

a) Histórica – a criança, na modernidade, é uma criança escolar. Muitas vão à creche na mais tenra idade. Algumas nem fizeram seu primeiro aniversário, mas já fazem parte de uma unidade escolar, devido à necessidade de os pais trabalharem.

b) Psicológicas – na escola, a criança pode ter uma nova chance de fazer novos laços com os outros. A escola propicia a socialização de várias crianças, onde as relações de amizade e respeito ao próximo são uma conduta necessária e trabalhada diariamente.

c) Pedagógicas – a aprendizagem da leitura e da escrita ajuda na produção da subjetividade. As crianças que leem e escrevem têm maior condição de explorar o mundo a sua volta. Com a tecnologia avançada, podem acessar e fazer amizades com outras pessoas de diversos lugares.

Leitura e processo de interação.

Leitor faz uma leitura do mundo.

O professor tem que ter cuidado ao planejar suas aulas e não esquecer que as diversidades são enriquecedoras na sala de aula. Rever as práticas pedagógicas para melhorar suas aulas e repensar o planejamento escolar é sempre favorável, pois viabiliza a flexibilidade. Estabelecer novos processos de avaliação é de suma importância, uma vez que o portfólio é uma atividade significativa dos alunos, e cada um pensa e registra suas ideias de modos diferentes.

O uso de fotos dos alunos produzindo suas atividades é um recurso importante para o professor no registro de avaliação. Vídeos e gravações de leitura e escrita podem ser um instrumento muito apreciado pelos pais ou responsáveis também. Portanto, é importante o professor não esquecer de pedir, logo no início do ano letivo, a autorização de imagem do aluno, devidamente assinada pelo responsável, colocando no documento a parte específica de atividades de cunho educacional. O mestre deverá rever os grupos nas salas de acordo com as fases de leitura e escrita, ou mesmo de dificuldade de aprendizagem.

Ensinar é então criar um leitor. Um leitor que não lê apenas livros, mas lê-se no texto: faz uma leitura de si próprio e do mundo.

4. Deficiência intelectual

Ocorre quando a pessoa apresenta dificuldades para aprender e realizar tarefas do dia a dia e interagir com o meio em que vive, gerando, com isso, atraso no seu desenvolvimento.

Doença Mental

Engloba uma série de condições que causam alteração de humor e comportamento e podem afetar o desempenho da pessoa na sociedade.

Essas alterações acontecem na mente do indivíduo e causam uma alteração na sua percepção da realidade. É uma doença psiquiátrica, que deve ser tratada por um especialista, acompanhado do uso de medicamentos.

Deficiência Múltipla

Para a Fundação Educacional do Distrito Federal – FEDF, deficiência múltipla é aquela em que o indivíduo apresenta distúrbios graves e profundos.

Todos os indivíduos com deficiência mental moderada ou profunda, que têm pelo menos uma outra deficiência, são portadores de deficiência múltipla.

Altas Habilidades

As mentes extraordinárias, a despeito de suas potencialidades genéricas, não nascem prontas. Para a criança que entra na vida escolar sem consciência de seus talentos, é vital encontrar educadores que conheçam seus pontos fortes e interesses, bem como suas necessidades cognitivas, sociais e afetivas, para garantir as oportunidades de construir o conhecimento no seu ritmo.

Portanto, foram criados Núcleos de Apoio às Altas Habilidades/Superdotação – NAAH/S para, além de atender ao aluno identificado como superdotado, promover a formação e capacitação de professores para que possam identificar e auxiliar no desenvolvimento das capacidades desses alunos.

O termo superdotado, além de ser apresentado de forma deturpada, gera confusões até mesmo entre as pessoas com habilidades superiores que não se acham superdotadas.

As pessoas com altas habilidades formam um grupo heterogêneo com características diferentes e habilidades diversificadas, diferem uns dos outros também por seus interesses, estilos de aprendizagens, níveis de motivação e de autoconceito, características de personalidade e, principalmente, por suas necessidades educacionais.

A habilidade superior, a superdotação, a precocidade, o prodígio e a genialidade são gradações de um mesmo fenômeno que vem sendo estudado há séculos em diversos países: China, Alemanha e EUA.

Abaixo, seguem algumas denominações para esclarecer o termo superdotado:

I) Precoce: são as crianças que apresentam alguma habilidade específica previamente desenvolvida em qualquer área do conhecimento como: música, matemática, artes, literatura, esportes ou leitura.

Para Winner (1998), elas progridem mais rápido que as outras crianças por demonstrarem maior facilidade em uma área do conhecimento.

II) Prodígio: designa a criança precoce que apresenta um alto desempenho no nível de um profissional adulto em algum campo cognitivo específico. Exemplo: Wolfgang Amadeus Mozart, que começou a tocar com 3 anos e, aos 7, já compunha regularmente como um adulto e se apresentava em consertos.

Retrato de Mozart

Feldman (1991) propõe uma interessante distinção entre o indivíduo superdotado, que se destaca por seu alto QI medido por testes psicométricos, e o prodígio. O superdotado com alto QI possui habilidades intelectuais generalizadas que permitem altos níveis de funcionamento em uma grande variedade de ambientes.

Gioconda ou, como é mundialmente conhecida, Monalisa, uma das obras de arte mais famosas feitas por Leonardo Da Vinci, exposta no Museu do Louvre, em Paris, na França.

Comparando Mozart e Leonardo da Vinci, pode se depreender que Mozart é o exemplo do especialista, possuía múltiplas e profundas habilidades musicais. Em relação a outros aspectos, no entanto, era uma pessoa simples e intelectualmente normal. Já Leonardo da Vinci representa o perfil do generalista, erudito, curioso, uma mente vigorosa que dominou e contribuiu significativamente em uma variedade de aspectos.

Os **prodígios** são especialistas extremos, especificamente bem sintonizados a um campo particular do conhecimento, demonstrando um domínio rápido e sem esforço.

Os **gênios** são os grandes realizadores da humanidade, cujo conhecimento e capacidade nos parecem sem limites, são incrivelmente excepcionais e únicos – como Leonardo da Vinci, Gandhi, Albert Einstein, Heitor Villa-Lobos, Stephen Hawking, entre outros –, segundo a definição de pesquisadores como Alencar (2001), Feldhusen (1985) e Feldman (1991), que sugerem que o termo deva ser reservado apenas àquelas pessoas que deram contribuições originais e de grande valor à humanidade em algum momento da história.

Retrato do estudioso Stephen Hawking.

Entretanto, a expressão "altas habilidades e superdotação" são mais para designar aquela criança ou adolescente que demonstra sinais ou indicações de habilidade superior em alguma área do conhecimento quando comparadas a seus pares. Não há necessidade de ser uma habilidade excepcional para que esse aluno seja identificado como tal. Por isso, vários pesquisadores preferem termos alternativos, como "talento" ou "alta habilidade".

PARA SABER MAIS: Filmes: Os gênios da humanidade citados nesta obra, como Gandhi e Stephen Hawking, tiveram as suas vidas retratadas no cinema. Gandhi é um filme biográfico épico de 1982, que dramatiza a vida de Mohandas Karamchand Gandhi, e conta a história do líder do movimento de independência não-violento, não cooperativo da Índia contra a Índia britânica durante o século 20. Já o recente A Teoria do Tudo (The Theory of Everything, 2015) é baseado na biografia de Stephen Hawking e mostra como o astrofísico fez descobertas importantes sobre o tempo.

5. Definição brasileira

A definição brasileira atual considera os educandos com altas habilidades/superdotação aqueles que apresentam grande facilidade de aprendizagem que os levem a dominar rapidamente conceitos, procedimentos e atitudes em qualquer dos seguintes aspectos isolados ou combinados (BRASIL, 2001, Art. 5 – III):

a) capacidade intelectual geral – envolve rapidez de pensamento, compreensão e memórias elevadas, capacidade de pensamento abstrato, curiosidade intelectual, poder excepcional de observação.

b) pensamento criativo ou produtivo – a originalidade do pensamento, imaginação, capacidade de resolver problemas de forma diferente e inovadora, capacidade de perceber um tópico de muitas formas diferentes.

c) aptidão acadêmica específica – envolve atenção, concentração, motivação por disciplinas acadêmicas, capacidade de produção acadêmica, alta pontuação em teste acadêmicos e desempenho excepcional na escola.

d) capacidade de liderança – sensibilidade interpessoal, atitude cooperativa, capacidade de resolver situações sociais complexas, poder de persuasão e de influência no grupo, habilidade de desenvolver uma interação produtiva com os demais.

e) talento especial para artes – envolve alto desempenho em artes plásticas, musicais, dramáticas, literárias ou cênicas.

f) capacidade psicomotora – desempenho superior em esportes e atividades físicas, velocidade, agilidade de movimentos, força, resistência, controle e coordenação motora fina e grossa.

Superdotado

Os superdotados são indivíduos capazes de alto desempenho. Possuem grande facilidade e rapidez para aprender e um elevado grau de criatividade, são muito curiosos, possuem grande capacidade para analisar e resolver problemas, além de possuírem um senso crítico bastante elevado.

Apresentam capacidade notável para transferir conhecimentos e modificar a experiência em situações novas, além de serem detentores de uma criatividade que acompanha a superioridade da inteligência (MACHADO; ALMEIDA, 1971).

São exemplos de superdotados alguns artistas ou influentes na história: Albert Einstein, William Shakespeare, Wolfgang Amadeus Mozart, Isaac Newton, Charles Darwin, Leonardo da Vinci, Marie Curie, entre outros.

6. Condutas típicas

Manifestações de comportamento típicas dos portadores de síndrome (exceto Síndrome de Down) e quadros psicológicos, neurológicos ou psiquiátricos que ocasionam atrasos no desenvolvimento e prejuízos no relacionamento social em grau que requeira atendimento educacional especializado (Conceitos da Educação Especial, LDBEN).

No Projeto Escola Viva, do Ministério da Educação, é possível encontrar a seguinte definição: "Refere-se a uma variedade muito grande de comportamentos, e encontram-se várias definições em diversas literaturas, pode ser definida como comportamentos voltados para si próprio, ou comportamentos voltados para o outro.".

Nos comportamentos voltados para si próprio, encontraremos: fobias, automutilação, alheamento do contexto externo (de fora, do ambiente em que vive), timidez, recusa em verbalizar, recusa em manter contato visual.

No entanto, as crianças com comportamentos voltados para o outro apresentam as características de: agredir, faltar com a verdade, roubar, gritar, falar ininterruptamente, locomover-se o tempo todo.

O grau de severidade vai depender de variáveis como frequência, intensidade e duração do comportamento.

Alguns comportamentos são até aceitos em crianças pequenas, como por exemplo, andar o tempo todo e mexer em todos os objetos, uma vez que está na fase de exploração do ambiente, sendo este comportamento seria inadequado a uma criança do sexto ano ou do ensino médio. Assim, um comportamento maior ou menor que o esperado para a idade e gênero do aluno pode ser um indicador de conduta típica. As pessoas, às vezes, apresentam comportamento inadequado, que causa prejuízos a si e ao outro. Mas quando esse comportamento se torna um padrão, por ser continuado e em extenso período de tempo, passa a ser uma conduta típica. Então, para evitarmos rótulos e respeitarmos o indivíduo, é necessário procurar focalizar e tratá-lo, pois tais hábitos existem, são reais e devem ser enfrentados também na sala de aula.

Condutas típicas mais comuns em sala de aula

Algumas condutas típicas comuns em sala de aula, descritas por Susan e Willian Stainback (1980):

a) **Distúrbios de atenção**: alunos que apresentam dificuldades em atender a estímulos relevantes, como olhar para a professora que está explicando algo. Então, estão olhando para outra coisa, o cabelo do colega, a régua do outro, a borracha que caiu. Geralmente são crianças que movimentam a cabeça o tempo todo, sem prestar atenção na professora. Outros alunos não conseguem se concentrar na execução de qualquer atividade dentro ou fora da sala.

b) **Hiperatividade**: está sempre em movimento, o que se torna grande empecilho para seu envolvimento com uma determinada ação ou tarefa.

c) **Impulsividade**: apresenta resposta instantânea para qualquer pergunta, não parando para pensar, para tomar uma opinião ou decisão antes de responder. A impulsividade geralmente acompanha a hiperatividade.

d) **Alheamento**: são crianças que evitam ou se recusam terminantemente a manter contato com os outros, ou qualquer aspecto do ambiente sócio-cultural. Não respondem quando solicitados a fazer algo, não brincam nem interagem com as outras crianças. Porém, em sua manifestação mais grave, são crianças que não fazem contato com a realidade, parecendo viver em um mundo só seu.

e) **Agressividade física ou verbal**: constitui-se de ações destrutivas dirigidas a si próprio ou a outras pessoas ou a objetos do ambiente. Isso inclui gritar, xingar, usar linguagem abusiva, ameaçar, fazer declarações autodestrutivas, bater, beliscar, puxar os cabelos, restringir fisicamente, esmurrar, dentre outros.

O que determina essas condutas típicas, segundo Hardman (1993):

a) **Causas biológicas**: herança genética, anormalidades bioquímicas, anormalidades neurológicas, lesões no sistema nervoso central;

b) **Causas fenomenológicas**: conhecimento equivocado de si mesmo, uso inadequado de mecanismos de defesa, sentimentos, pensamentos;

c) **Causas psicológicas**: funcionamento da mente (*id-ego-superego*), experiências traumáticas na infância, herança genética;

d) **Causas comportamentais**: eventos ambientais, como falha na aprendizagem de comportamentos adaptativos por circunstâncias ambientais estressantes;

e) **Causas sociológicas/ecológicas**: rotulação, transmissão cultural e desorganização social.

Não existe um padrão único de conduta típica. Abrange uma grande variedade de comportamentos, e o que os determina também pode ser de natureza variada.

7. As Estratégias de intervenção

As estratégias de intervenção são os diferentes tipos de terapia, tanto para a criança como para a família, e também ações educacionais feitas na sala de aula e nas demais dependências da escola para ajudar essa criança em seu processo de ensino-aprendizagem. Vamos colocar algumas importantes adaptações organizativas para a sala de aula:

É importante que o professor estabeleça, claramente, com os alunos os limites necessários para a convivência num coletivo, o que chamamos de combinados da sala. Isso deverá acontecer para todos os ambientes da escola, ex: combinados do laboratório de informática, combinados da biblioteca e assim por diante, pois cada ambiente tem sua especificação e forma de comportamento.

É fundamental que seja identificada a forma mais adequada de comunicação para cada aluno, para que ele realize as suas atividades com maior autonomia.

O ensino deverá ser individualizado, quando necessário, norteado por um Plano de Ensino que reconheça as necessidades educacionais especiais do aluno.

A previsibilidade de ações e acontecimentos pode diminuir muito a ansiedade do aluno que apresenta comportamento de condutas típicas. Assim, é importante que o professor coloque na lousa ou no quadro de mural a rotina com cada atividade a ser realizada naquele dia, o que diminui o caos que um ambiente complexo pode representar para esse aluno. Ele terá anotado todas as atividades e o tempo previsto para cada uma.

O professor que tem ou tiver, no futuro, alunos com condutas atípicas deverá discutir sempre com a equipe técnica a busca de estratégias que sejam efetivas e realistas para o caso, pedir ajuda a profissionais da equipe técnica sempre que necessitar de apoio ou se sentir inseguro em algum momento, cooperar com os familiares usando os mesmos procedimentos recomendados pelos terapeutas em casa e na escola.

Para desenvolver comportamentos desejáveis, os autores Lewis e Doorlag (1991, p 298-299) sugerem vários procedimentos voltados para condutas específicas. Vamos conhecer algumas para dar ao professor subsídios a fim de aprimorar seu trabalho em sala de aula, ajudando assim, os alunos que necessitam de atendimento especial. Por exemplo:

- Para problemas com hiperatividade física, que se registre o tempo máximo que o aluno consegue ficar envolvido com diferentes atividades e seja dele solicitado um aumento gradativo de tempo de permanência na atividade;
- Para desenvolvimento de padrões saudáveis de interação social, temos que fornecer aos alunos modelos de comportamento não agressivos que podem ser utilizados em situações que poderiam levar à agressão;
- Ensinar aos alunos respostas aceitáveis e adequadas a ataques físicos ou verbais. Esses alunos necessitam de um leque de alternativas comportamentais disponíveis, ou eles tendem a revidar o que recebem;
- Formar duplas produtivas, ou seja, um que sabe mais irá ajudar o outro nas atividades a serem realizadas. Uma espécie de tutor para o outro aluno;
- Discutir a conduta indesejada com os demais alunos, buscando promover com eles a compreensão do que aconteceu e procurar soluções;

- Estabelecer junto aos alunos padrões de conduta para a convivência coletiva, bem como a definição de consequências para o cumprimento ou descumprimento do acordado no grupo. Estabelecer a cooperação dos demais alunos em atividades propostas em sala de aula;
- Recorrer à assistência de membros da equipe técnica e de outros profissionais, no caso de situações de crise, buscando suporte necessário para administrá-la;
- Orientar os demais alunos para saberem como agir e gerenciar o relacionamento com colegas que apresentam condutas típicas, ensinando-os como responder à situações específicas.

Para os professores, seguem indicações para serem usadas em sala de aula:

- Usar sempre um mesmo sinalizador para chamar a atenção dos alunos (escutar, prontos para começar);
- Agrupar os alunos de forma que todos possam manter contato visual com o professor;
- Usar a proximidade física para encorajar a atenção dos alunos;
- Variar a forma de apresentar as lições;
- Arranjar áreas de trabalho individual para evitar distração;
- Ajudar os alunos a organizarem seus materiais, sua carteira, suas atividades;
- Apresentar orientações para as tarefas, tanto verbalmente, como por escrito;
- Apresentar modelos aos alunos sobre como se organizar nas atividades;
- Criar um ambiente social e de aprendizagem que seja acolhedor e dê suporte para o aluno.

O professor não pode trabalhar sozinho. Ele tem de ter apoio da equipe gestora da escola e da equipe técnica para aprimorar seus trabalhos com esses alunos.

8. TDA/H

O Transtorno de Déficit de Atenção/Hiperatividade (TDA/H), segundo a Associação Brasileira de Déficit de Atenção (ABDA), surge a partir de um transtorno neurobiológico. Os sintomas (desatenção, inquietude e impulsividade) aparecem, geralmente, na infância e, em alguns casos, acompanham o indivíduo por toda a sua vida.

De acordo com a ABDA, o TDA/H recebeu diversas denominações. As mais conhecidas foram: síndrome da criança hiperativa, lesão cerebral mínima, disfunção cerebral mínima, transtorno hipercinético. O termo oficialmente adotado pela Associação Americana de Psiquiatria (BROWN, 2007) foi o de **Transtorno**

do Déficit de Atenção/Hiperatividade, significando que a barra inclinada na escrita da terminologia indica que o problema pode ocorrer com ou sem o componente de hiperatividade, apesar de considerado o sintoma mais importante e definidor do quadro.

De acordo com Cabral (1994), para que haja o diagnóstico de TDA/H, alguns aspectos precisam ser, de fato, considerados. Os sinais de desatenção, hiperatividade e impulsividade necessitam ser apresentados constantemente. Não basta que esses sintomas tenham aparecido desde a infância e não perdurado depois da adolescência ou fase adulta, pois aí se teria outro tipo de transtorno. É importante identificar, também, se os sintomas de hiperatividade possuem intensidade e constância tal que possa fazer surgir um comprometimento do funcionamento do indivíduo em mais de uma área de atuação, como casa, escola, vida social etc.

Sabe-se que as crianças com TDA/H são capazes de aprender, mas têm dificuldades de concentração na escola devido aos impactos que os sintomas acarretam, podendo refletir em um eventual bom desempenho das atividades. Assim, é importante que haja adaptações e adequações dos materiais didáticos, nas salas de aula, além da postura do professor e de sua pratica pedagógica.

9. Deficiência física

A deficiência física é a alteração completa ou parcial de um ou mais segmentos do corpo humano, acarretando o comprometimento da função física.

Tipos e definições

Os tipos de deficiência física são:.

a) **Paraplegia** – perda total das funções motoras dos membros inferiores;

b) **Paraparesia** – perda parcial das funções motoras dos membros inferiores;

c) **Monoplegia** – perda total das funções motoras de um só membro (inferior ou posterior);

d) **Monoparesia** – perda parcial das funções motoras de um só membro (inferior ou posterior);

e) **Tetraplegia** – perda total das funções motoras dos membros inferiores e superiores;

f) **Tetraparesia** – perda parcial das funções motoras dos membros inferiores e superiores;

g) **Triplegia** – perda total das funções motoras em três membros;

h) **Triparesia** – perda parcial das funções motoras em três membros;

i) **Hemiplegia** – perda total das funções motoras de um hemisfério do corpo (direito ou esquerdo);

j) **Hemiparesia** – perda parcial das funções motoras de um hemisfério do corpo (direito ou esquerdo);

k) **Amputação** – perda total ou parcial de um determinado membro, ou segmento de membro;

l) **Paralisia Cerebral (PC)** – lesão de uma ou mais áreas do sistema nervoso central, tendo como consequência alterações psicomotoras, podendo ou não causar deficiência mental.

A paralisia cerebral pode ser classificada de acordo com a parte do corpo na qual se manifesta:

a) **Diplegia** – as pernas são mais gravemente afetadas que os braços;

b) **Quadriplegia** – os membros superiores e o tronco são mais afetados que os membros inferiores;

c) **Hemiplegia** – somente um lado do corpo é comprometido;

d) **Monoplegia** – somente um braço ou uma perna ficam lesionados;

e) **Triplegia** – comprometem três membros;

f) **Ostomia** – intervenção cirúrgica que cria um ostoma (abertura, óstio) na parede abdominal para adaptação de bolsa de coleta, processo cirúrgico que visa a construção de um caminho alternativo e novo na eliminação de fezes e urina para o exterior do corpo humano (colostomia: ostoma intestinal; urostomia: desvio urinário).

Conclusão

Com todas essas informações, é possível perceber que, ao longo do tempo, a educação está, cada vez mais, desenvolvendo uma postura importante, que é a de favorecer a educação inclusiva, o que demonstra a preocupação em ter como foco o processo de ensino-aprendizagem.

Glossário – Unidade 4

Diplegia – as pernas são mais gravemente afetadas que os braços.

Hemiparesia – perda parcial das funções motoras de um hemisfério do corpo (direito ou esquerdo).

Hemiplegia – perda total das funções motoras de um hemisfério do corpo (direito ou esquerdo).

Monoparesia – perda parcial das funções motoras de um só membro (inferior ou posterior).

Monoplegia – perda total das funções motoras de um só membro (inferior ou posterior).

Ostomia – intervenção cirúrgica que cria um ostoma (abertura, óstio) na parede abdominal para adaptação de bolsa de coleta, processo cirúrgico que visa a construção de um caminho alternativo e novo na eliminação de fezes e urina para o exterior do corpo humano (colostomia: ostoma intestinal; urostomia: desvio urinário).

Paralisia cerebral (PC) – lesão de uma ou mais áreas do sistema nervoso central, tendo como consequência alterações psicomotoras, podendo ou não causar deficiência mental.

Paraparesia – perda parcial das funções motoras dos membros inferiores.

Paraplegia – perda total das funções motoras dos membros inferiores.

Quadriplegia – os membros superiores e o tronco são mais afetados que os membros inferiores.

Tetraplegia – perda total das funções motoras dos membros inferiores e superiores.

Tetraparesia – perda parcial das funções motoras dos membros inferiores e superiores.

Triplegia – perda total das funções motoras em três membros.

Triparesia – perda parcial das funções motoras em três membros.

Referências

ALMEIDA, F. J & Fonseca Junior, F.M. *Projetos e ambientes inovadores*. Brasília: Secretaria da Educação a distância. SEED - Ministério da Educação.

ASTOC. *Tiques e síndrome de Tourette*. Disponível em: <http://www.astoc.org.br/source/php/025.php>. Acesso em: 23 abr. 2015.

BARKLEY, R.A. *Transtorno de Déficit de Atenção/Hiperatividade (TDAH):Guia Completo para Pais, Professores e Profissionais da Saúde*. Porto Alegre: Artmed, 2002. p. 327.

BARRETO, Vera. *Paulo Freire para educadores*. São Paulo: Arte & Ciência, 1998.

BARROS DA SILVA, Décio. *A teoria dos estilos de aprendizagem*. 2008.

BECKER, Fernando. História da Pedagogia. "Jean Piaget: principais teses". *Revista Educação*. p. 22-35. São Paulo: Editora Segmento.

Blog ExamTime. Disponível em: <https://www.examtime.com/pt-BR/blog/. Plataforma online grátis de recursos de estudo>. Acesso em: 30 de janeiro de 2015.

BORDENAVE, Juan E. Dias. *Estratégias de ensino-aprendizagem*. Petrópolis: Vozes, 1984.

BRASIL. *Introdução aos Parâmetros Curriculares Nacionais (PCNs)*. Brasília: MEC/SEF, 1997. v. 1.

BRASIL. Lei n. 9.394, de 20 de dezembro de 1996. Estabelece as diretrizes e bases da educação nacional. Disponível em: <http://www.planalto.gov.br/ccivil_03/leis/l9394.htm>. Acesso em: 23 abr. 2015.

BRASIL. Secretaria de Educação Especial. *Atendimento Educacional Especializado*. Brasília: SEESP, SEED, MEC, 2007.

BRASIL. Ministério da Educação, Secretaria de Educação Especial. *Cartilha Conduta Típicas: Projeto Escola Viva (Garantindo o Acesso e Permanência de Todos os Alunos com Necessidades Educacionais Especiais)*. v. 2. Brasília, 2002.

BRASIL. Ministério da Educação. Secretaria de Educação Especial. *Diretrizes Nacionais para a Educação Especial na Educação Básica*. Secretaria de Educação Especial - MEC/SEESP, 2001.

BRASIL. Ministério da Educação, Secretaria de Educação Especial. *Especial-Altas Habilidades/Superdotação Encorajando Potenciais*. Brasília, 2007.

BRASIL. Ministério da Educação, Secretaria de Educação Especial. *Formação Continuada a Distância de Professores para o Atendimento Educacional Especializado - Pessoa com Surdez*. Brasília: SEESP-SEED-MEC, 2007.

BRASIL. Ministério da Educação. *Lei de Diretrizes e Bases da Educação Nacional.* LDB 9.394, de 20 de dezembro de 1996.

BRASIL. Ministério da Saúde. *Manual de Legislação em Saúde da Pessoa Portadora de Deficiência.* Brasília, 2003.

BRASIL. Ministério da Educação. *Política Nacional de Educação Especial na Perspectiva da Educação Inclusiva.* Brasília: MEC/SEESP, 2008.

BRASIL, Ministério da Educação. *Proposta Atual de Educação Inclusiva.* MEC/SEESP, 2009.

BRASIL. Ministério da Educação. *Referencial Curricular Nacional para a Educação Infantil.* Brasília: MEC/SEF, 1998.

BRASIL. Ministério da Educação. *Sala de Recursos Multifuncionais*: espaço para atendimento educacional especializado. Brasília: MEC, 2006.

BRASIL. Parâmetros Curriculares Nacionais (PCNs). Brasília: MEC, 1997/1998

BRASIL. Secretaria de Educação Fundamental. *Parâmetros Curriculares Nacionais.* Brasília : MEC/SEF, 1997.

BUENO, J.G.S. *Educação Especial Brasileira: Integração/Segregação do Aluno Diferente.* São Paulo: EDUC, 1993.

CANZIANI, Maria de Lourdes B. *Educação Especial – Visão de um Processo Dinâmico e Integrado.* 1985.

ENCYCLOPAEDIA Britannica. Edouard Séguin. Disponível em: <http://global.britannica.com/EBchecked/topic/532753/Edouard-Seguin>. Acesso em: 23 abr. 2015.

FEBVRE, L. P. V. *Martinho Lutero:* um destino. Amadora: Bertrand, 1976.

GAUDERER, Christian. *Autismo e outros atrasos do desenvolvimento: guia prático para pais e profissionais.* 2.ed., rev. ampl. Rio de Janeiro: Revinter, 1997. p. 358.

GOMBRICH, E. H. *Breve história do mundo.* 1. ed. São Paulo: Martins Fontes, 2001.

INCONTRI, D. *Pestalozzi:* educação e ética. 1. ed. São Paulo: Scipione, 1996. JOHANN Heinrich Pestalozzi. Disponível em: <http://www.jhpestalozzi.org>. Acesso em: 23 abr. 2015.

INSTITUTO SANTA TERESINHA – Escola para surdos. Disponível em: <http://www.institutosantateresinha.org.br/>. Acesso em: 20 abr. 2015.

MAZZOTTA, M. J. S. *Educação Especial no Brasil:* história e políticas públicas. São Paulo: Cortez, 1996.

MIZUKAMI, Maria da Graça Nicoletti. *As abordagens do processo*. São Paulo: EPU, 1986.

OPS/OMS. *Declaração de Montreal sobre a Deficiência Intelectual*. Montereal, Canadá, 6 out. 2004. Disponível em: <http://www.portalinclusivo.ce.gov.br/phocadownload/cartilhasdeficiente/declaracaodemontreal.pdf>. Acesso em: 23 abr. 2015.

PESSOTI, Isaias. *Breve histórico da deficiência mental* – ASDEF. <Disponível em: <http://www.pdflibrary.org/pdf/breve-historico-da-deficiencia-mental-asdef.html>. Acesso em: 23 abr. 2015.

Proposta Atual de Educação Inclusiva. Brasília: MEC/SEESP, 2009.

Revista Nova Escola Online. Disponível em: <http://revistaescola.abril.com.br/>. Acesso em 30 de janeiro de 2015.

ROUCEK, Joseph. *A criança excepcional: coletânea de estudos*. 2. ed. Ibrasa. 1980.

SCHWARTZAMAN, Jose Salomão. *Autismo infantil*. Brasília: Coordenadoria, [s.d.]

Site: ABDA - Associação Brasileira de Déficit de Atenção/Hiperatividade. Disponível em: <http://www.tdah.org.br/br/a-abda/quem-somos.html>. Acesso em: 24 de janeiro de 2015.

SOCIEDADE das Ciências Antiga. *Vida e obra de Paracelso:* "O pai da medicina integral". Disponível em: <http://www.agracadaquimica.com.br/quimica/arealegal/outros/300.pdf>. Acesso em: 23 abr. 2015.

Site: Doutor Dráusio Varella (página inicial). Disponível em: <http://drauziovarella.com.br/>. Acesso em: 26 de janeiro de 2015.

UFCG. Biografia de Jean-Marc-Gaspard Itard. Universidade Federal de Campina Grande, Paraíba. Disponível em: <http://www.dec.ufcg.edu.br/biografias/JeanItar.html>. Acesso em: 23 abr. 2015.

VYGOTSKY, Lev Semenovich Pensamento e Linguagem. Trad. de Jefferson Luiz Camargo. 3. ed. São Paulo: Martins Fontes, 2005.

Impresso por

META
www.metabrasil.com.br